세계가 주목하는 CEO의 작은나라

이의관 저

지성문화사

머리말

그는 그렇게 평범한 사람이 아니다. 온 국민이 목마르게 기다리고 있는 지도자 바로 그 사람이었다. 함께 정치인으로 만나서 얘기하고 즐겁게 지내는 사이다. 김대중 노무현이 말이 많은 인물인데 반해 말수가 적고 자기 생각을 드러내지 않는 그저 평범한 사람이다. 그러나 일단 일이 생기면 온 열정을 쏟아 붓는다. 청계천 복원사업을 할때 밤낮으로 청계천만 생각했다. 그렇게 열정을 바치더니, 그것이 대히트였다. 일에 대한 열정이 용광로 처럼 활활 타오르는 끼를 가진 인물이다.

대학 동창생이라는 인연, 같은 당의 당원이라는 인연으로 함께 호흡하면서 그의 위대성을 찾아 냈다. 시대가 찾고 있는 바로 그 사람을 찾아 냈다. 그것을 알려야 할 의무가 나에게 있다.

·

나는 스토우 부인의 심정으로 글을 썼다. 여자라서 남북전쟁터에 나가지 못하지만 글을 써서 노예해방에 도움이 되도록 하겠다고 소설「엉클 톰스 캐빈」을 썼다. 이 소설을 읽었던 사람들이 모두 링컨 대통령의 편에 서 주었다. 그의 소설로 해서 링컨 대통령 군이 남북전쟁의 승리자가 됐었다.

　펜이 총칼 보다 강하다는 사실을 입증한 셈이다. 이명박은 시대가 낳은 영웅이다.

　대통령 후보들의 여론조사에서 계속 1위를 하고 있다. 이미 국민들도 그의 천기(天機)를 눈치 채고 있는것 같다. 분명히 국민의 기대에 부응하는 검증된 인물임에 틀림이 없다. 기쁜 마음으로 글을 썼다.

　모두 나와 같은 마음으로 읽어 주었으면 한다.

　감사합니다.

2021년 5월 10일
저자 이의관 배

차   례

1. 세계를 변화시키고 있는 두 개의 수레바퀴

워싱턴에서 베이징까지

수레바퀴는 굴러 간다.

잠시도 쉬지 않고 조금씩 힘을 내어 움직인다. 그저 앞만 보면서 살아 가고 있는 사람은 그러한 변화를 읽어내지 못한다. 어쩌다가 잠시 멈추고서 주변을 둘러 보면 엄청나게 세상이 변화되어 있다.

아, 이렇게 변했던가.

그리고 뒤로 후진하여 달려 가든가, 아니면 앞을 향해 돌진을 하든가 결심을 해야 한다. 그렇지 않고서 엉거

주춤 앞뒤, 전후 좌우를 둘러 보기만 하면 자꾸만 현실과 거리가 멀어져 간다.

이것이 오늘을 살아가고 있는 우리들의 모습이다. 큰 뜻을 품고 묵묵히 살아 가고 있는 사람들은 고통을 받거나 몸부림치지 않는다. 오직 앞으로 힘을 내어 걸어 가고 있을 뿐이다.

베이징에서 상하이로 가는 열차에서 일이다. 푸동에서 전자기기 생산을 하고 있는 30대 CEO 마이카이씨가 한국인 유학생 김상진과 수 인사를 했다.

"세탁기를 생산하고 있으시다구요? 세탁기는 아무래도 메이드인 코리아가 최고 제품이겠지요?"

"천만의 말씀입니다. 우리는 생산을 하면서 한국을 단 한번도 생각해 본 일이 없습니다."

"왜 그러시는가요?"

"우린 5년후 의 한국을 보고 있습니다. 그땐 즉 메이드인 코리아는 없습니다. 오직 지구상에 메이드인 차이나만 있을 뿐입니다."

한국인 유학생 김상진은 충격을 받았다. 1인당 국민소득 150달러였고 문화혁명 때 3000만 명이 굶주려 죽었던 나라, 한국의 경제개발 모델을 벤치마킹 했던 나라, 한국의 새마을운동을 배워서 국가목제 제1로 삼고 있는 나라, 한국의 기술을 전수받고 이전받기 위해 노력하는 나라 중국인이 한국을 이미 안중에서 떨쳐 버렸다는 것이니 친구이며 이웃으로 생각했던 사람이 받는 충격은 알만 하다.

왜 한국에 뒤떨어져 있는 중국인의 의식에서 그렇게 야박한 모습을 보이고 있을까?

지금 당장 한국에서 화학공업품 원재료를 공급중단하면 중국의 공장 70%가 가동을 중단해야 한다. 중국에 진출해 있는 한국의 기업들이 철수한다면 중국인은 실업율이 20%에 이르러 당장 폭동이 일어나게 될 것이다. 한국이 중국과 교역을 중단하게 되면 중국인 마이카이씨의 세탁기 공장은 부품부족으로 문을 닫아야 할 것이다. 또 중국의 1인당 국민소득은 1200달러에서 600달러로 수직 하락할 것이다.

16억 인구를 자랑하고 있지만 아마 무거운 짐이 되어

폭삭 주저앉게 되고 말 것이다.

그럼에도 엘리트들의 의식속에 한국을 비하하고 경시하는 것은 중국인 특유의 중화사상이 크게 작용하고 있음을 본다.

그러나 그것만으로 그렇게 오늘의 중국이 있게 했던 은인의 나라 한국을 경시하는 것은 무엇일까?

오늘의 한국은 위대하지만 내일의 한국은 무시해고 좋을 만큼 보잘것없는 나라가 되어 가고 있기 때문이다. 이미 한국의 정치 지도자들이 마거릿 대처여사가 말하고 있는 도둑국가이고, 프랜시스 후쿠야마 박사가 정의내리고 있는 도둑떼들의 나라로 인식하고 있다.

전직 대통령이 횡령으로 구속이 되고 현직 대통령 아들 3형제가 모두 사기와 횡령으로 구속이 되거나 기소가 되어 재판을 받고 있다. 멀쩡한 국유 은행의 재무제표를 조작하고 BIS비율을 맘대로 뜯어 고쳐 협잡꾼에게 팔아먹고 있다. 세계경영으로 세계무대를 주름 잡고 있는 기업을 퇴출시켜 권력의 실세들이 하이에나가 되어 뜯어 먹고 있는 꼬락서니를 그들은 보고 있다.

중국 총리를 30년 지냈던 주은래는 재임중에 암으로 사망했다. 주석 모택동은 혁명 동지들 가운데 능력있는 자는 모두 숙청했다. 임표, 화국봉, 유소기, 등소평 등 끝없는 숙청의 칼바람을 일으켰다. 그러나 주은래만은 애시당초 칼끝을 가까이 가져가지 못했다. 그래서 권력의 제2인자로 장수했다.

그가 죽은 후, 그에게 남은 것이라곤 달랑 인민복과 모자뿐이었다. 월급여만 모았어도 거부대열에 끼였을 일이다.

왜 무일푼이었을까?

생활비와 용돈을 제하고서 몽땅 유망청소년의 장학금으로 기부했고 불우한 삶을 살아가고 있는 빈민에게 헌금했다.

이것이 전통이 되어 모택동, 등소평, 강택민, 후진타오로 이어지고 있다.

16억 중국인은 모두 행복하다고 생각하고 있다. 1인당 국민소득 1200달러 정도다. 부자와 가난뱅이가 서로 어울리고 있다. 거리에 노숙자가 즐비하고 굶주리는 사람이

인산인해다. 부자는 선진국의 부자 보다 훨씬 더 호사스
런 삶을 즐기고 있다. 그런데도 불평불만이 없다. 정부 정
책을 탓하지 않는다. 황하가 홍수로 범람할 때 강택민은
인간띠를 하라며 탁류에 국민을 내몰았다. 그래도 그의
명령을 따라 격류에 몸을 던졌다. 참으로 감동적인 장면
이 세계에 TV화면으로 보여주었다.

왜 이랬을까?

국민들은 지도자를 믿고 있다. 국가와 국민을 위해서
진심으로 헌신하고 있는 그들의 속마음을 국민들은 읽어
내고 있다. 히틀러, 스탈린, 무소리니, 도오조 같은 지도자
의 말과 속마음이 다른 지도자와는 많은 면에서 다르다.
그래서 중국인들은 행복하게 생각하면서 살아가고 있다.
그들의 눈에 보이는 한국은 3류 국가로 보고 있다.

거짓말 잘하고, 말다르고 속 다른 한국의 지도자들을
중국인들은 사기꾼 쯤으로 여기고 있다. 그래서 10년후,
50년후의 한국을 국가로 여기지 않고 있다.

아, 어찌 슬프지 않을 수 있는가.

국민소득 1200달러 국민으로부터 무시당하고 있는

14

18,000달러 국민이 되고만 것이다. 그것을 슬퍼할 일이 아
니다.

지금 세계를 움직이고 있는 두 개의 깃대자리(軸)가 워
싱턴과 베이징이다.

두 곳에서 무슨 일이 벌어지고 있는가?

한국인 유학생 김상진이 중국인 CEO마이카이에게서
당했던 무시(無視)가 있었다면 워싱턴에서는 소름이 끼쳐
지는 냉대를 당하고 있다.

하바드대학 유학생 유영진은「스탠다드」윌리암 크리스
톨 주간과 대담을 나누었다. 워싱턴이 어느 방향으로 돌
아가야할 것인지 방향타를 움켜쥐고 있는 주간지다. 뉴스
위크나 타임즈와 같은 100년의 전통도 가지지 않았고, 세
계적인 언론인이 있는 곳도 아니다. 오직 네오콘(신보수
주의)를 표방하는 기업연구소의 기관지일 뿐이다.

네오콘이란 무엇인가?

세계를 지배할만큼 무기체계를 확보하고 있는 미국이
세계를 확실하게 리드해 보자는 사상을 가진 정치인, 학
자, 재계, 언론계의 리더들이 주장하는 담론이다. 이들의

담론이 바로 미국의 외교정책이고 국방정책, 경제정책이
되고 있다. 아프가니스탄 침공, 이라크 침공이 모두 네오
콘의 담론에서 출발했다.

누가 네오콘인가?

네오콘을 미국 대내외 정책으로 현실화시켜내고 있는 7
인방이 있다. 딕 체니 부통령, 렘스펠드 국방부장관, 폴
울포위츠 국방부 부장관, 더글러스 페이스 국방부 차관,
리처드 펄 국방정책 위원장, 존 볼튼 국무부 차관, 루이스
리비 부통령 비서실장…….

이쯤에서 네오콘이 어떤 것인지 짐작이 가게 될 것이
다. 그러나 젭 부시 플로리다 주지사, 댄 퀘일 전 부통령,
제임스 월시 전 CIA국장이 네오콘에 속해 있다는 걸 알
게되면 확실하게 느낌을 가지게 될 것이다.

학계에서 프랜시스 후쿠야마 존스홉킨스대 국제경영대
학원 교수, 엘리엇 코헨 존스홉킨스대 교수, 도널드 케이
건 예일대 교수, 로버트 케인건 카네기재단 연구원 등이
합류하고 있다.

작은 간판 「기업연구소」이지만 실질적으로 백악관의

대외정책을 움직이고 있는 곳이다. 세계를 움켜 쥐고 있는 거인 윌리암 크리스톨은 잔잔한 미소를 지닌 미남이었다.

"한국의 앞날에 대해 어떻게 생각하십니까?"

"작지만 강한 나라지요. 한류열풍을 일으키고 있는 나라는 한국밖에 없습니다. 위대한 전통과 역사를 지니고 있는 나라임에 틀림이 없습니다. 그러나 내일은 없다고 봅니다. 왜냐구요? 워싱턴에서 불어오고 있는 패러다임을 상실했기에 내일은 보이지 않습니다."

"그럼 남미의 미아 아르헨티나, 브라질, 멕시코와 같은 나라가 될것이란 말입니까?"

"아마 그렇게 보이고 있습니다. 문제는 한국이 지난 40여년 동안 보여준 역동성을 상실했다는 것입니다. 3류 국가로 전락할 가능성이 너무 뻔하다는 것입니다. 예를 들어 봅시다. 국제유가 폭등, 달러에 대한 환율상승으로 원화가치 폭등세, 고율의 청년실업, 중국의 성장속도가 무서울 정도로 고속화 행진, 국제 역학 구도의 급속한 재편성.

한국이 예전에 경험해 보지 못했던 대변혁이 일어나고

있음에도 좌파세력과 우파세력 사이에 첨예한 충돌이 벌어지고 있습니다. 심지어 미국과의 FTA협상을 놓고도 싸움질을 하고 있으니 정신 나간 나라임에 틀림이 없습니다."

더 이상 할 말을 잃어 버리고 말았다.

세계를 움직이고 있는 두 개의 기축국 즉 워싱턴에서 베이징까지 모두 한국을 경쟁의 대상에서 제외시켜 놓고 있다.

왜 이런 일이 벌어지고 있는 것일까?

집권 여당의 국민지지율이 20%대이고 노무현 대통령에 대한 지지율 역시 20%대를 오르 내리고 있다. 대통령으로 뽑아 놓았으면 소신껏 일할 수 있도록 지지를 보내는 것이 국민으로서 도리일 것이다. TV뉴스 시간에 아예 노무현 대통령의 얼굴이 나오지 않는 날이 많다. 설령 나오게 되면 다이얼을 돌려 버린다. 기피하는 정도를 지나 증오의 상태에 이르러 있다.

왜 이런 일이 벌어지고 있는 것일까?

잦은 실언에다가 대통령으로서 지켜야할 금도(襟度)를

18

벗어나 버렸다. 알송달송하던 모습에서 분명하게 지독한 좌파이념에 찌든 이념병자 임이 밝혀졌다.

그 동안 국민들은 많이 참아 왔다.

지금 무섭게 변화하고 있는 국제정세와 국가간의 무한 경쟁이 눈앞에서 벌어지고 있는 판에 이념논쟁에 빠져 있으니 증오감을 가지는 것은 자업자득이고 자기의 무덤을 스스로 파고 있는 셈이다.

북한의 현실이 우리에게 귀중한 경험이 되어 주고 있다. 세계의 패러다임이 변하고 있음에도 아랑곳하지 않고 무엇을 했던가?

우리식 사회주의를 외쳐대면서 자력갱생을 지향했었다. 마치 대원군이 미국 상선 서어면호를 도끼로 쳐부수고 전국 방방곡곡에 척화비석을 세우듯 김일성과 북한주민 자신끼리만의 세상을 얼마나 외쳐 댔던가.

지금 북한은 어떻게 됐는가?

300만 명이 굶어 죽고, 산하는 폐허가 됐고, 비료와 농약이 없어 밤낮으로 테러를 자행했던 남한의 지원이 없으면 당장 결단이 나게 되었다. 병원에 전등불이 없고, 약이 없어 환자들이 죽을날만 기다리고 있다.

그럼에도 꼿꼿한 자존심을 내세우고서 사사건건 트집을 부린다.

도도하게 흘러오고 있는 변화의 물결을 외면하고서 얼마나 더 지탱할 수 있겠는가.

이같이 처참한 북한을 두 눈으로 보고 있으면서도 그들의 편에 가까이 서려고 몸부림치는 모습은 참으로 안타까웁고 슬프다 못해 연민의 정 마저 느껴지고 있다.

여기서 우리에게 던져주고 있는 메시지는 무엇인가?

지난 3년여 온 국민이 지독한 불황에 엄청난 고난을 겪으면서, 또 내일에 닥쳐올 비극을 두렵게 생각하면서 지도자가 무엇인가를 알아보게 만들었다.

좁디 좁은 소갈머리를 고집하며 연일 메이저 언론과 전쟁해서 얻어지는 것이 무엇일까?

국민이여, 만백성이여.

시일야방성대곡(是日也放聲大哭 어찌 이날을 통곡하지 않으리)을 하면서 두 번 다시 엉터리 지도자를 선택하지 말아야 한다. 거짓말을 밥먹듯하며 국민을 속여 왔던 도둑떼들을 선택하지 말아야 한다.

유리알 같은 광명천지에서 외환은행을 헐값으로 팔아먹고 있는 도둑떼들이 두 번 다시 발호하지 못하게 해야 한다.

고종, 경순왕 그리고 노무현의 리더십 비교

역사는 민족이 살아 왔던 삶의 기록이다.

찬란했던 1000년의 역사와 문화의 나라 신라가 망하던 날, 나라의 정치 지도자 경순왕은 어디서 무엇을 하고 있었으며 무슨 생각을 하고 있었던가?

500년 동안, 한글을 창제하고 외적들과 싸워가면서 동방의 빛이었던 조선왕조가 이웃 일본에 의해서 병탐이 되었던 마지막 임금 고종의 우유부단, 혼란과 갈등을 기억하고 있는가?

경순왕의 통치력과 고종의 리더십에서 노무현 대통령의 무능력과 혼란과 갈등 그리고 워싱턴에서 베이징까지 움직임을 보면서 무엇이 그렇게 똑같고 엇비슷한 것인지 비교가 되고 암시가 되는 것인지 느껴지지 않는가?

집이 무너지려할 때 암탉이 울어댔었다 홰를 치면서 꼬끼오 소리를 내는 놈은 수탉이다. 수탉이 제 노릇을 못하고 무능력할 때 이미 그 집안은 기우러지고 만다. 그럴땐 어김없이 암탉이 울어 낸다.

1000년의 나라는 세계 역사상 많지 않다. 국운이 융성할 때 청해진에서 42대 충덕왕 44년에 장보고가 출현했다. 해상왕국을 건설하여 현대판 세계화를 실현했다. 그러나 48대 경문왕이 임금에 오르기 전 진성여왕이 등장해서 1000년의 나라가 기울어지게 했다. 미녀로 잘 생겼던 진성여왕이 홰를 치면서 울어댈때 이미 국운은 마지막을 향해 달려 가고 있었다.

500년 왕국의 나라 조선의 마지막은 어떠 했던가?

무능력한 고종의 뒤에서 명성황후가 나라를 좌지우지 했었다. 그의 남동생 민씨들과 친인척들이 국권을 잡고 흔들어 댔다. 암탉이 목청을 높혀 삼천리 강토를 호령했다.

조선왕조는 어떻게 됐던가?

100년의 세월이 흘러간 지금, 서울에 춤을 추면서 그것도 양춤을 잘 춘다는 여성이 바이오렛을 휘둘르며 등장했다. 그리고 요염한 눈짓을 하고 있다. 결과야 어찌됐던 잠깐이나마 뭇사람들의 시선을 집중시켜야만 한다.

워싱턴에서 베이징까지 새로운 패러다임이 울려 퍼지고 있는데 왜 서울에서는 망해 가는 소리만이 요란할까?

이제 만백성이 대오 각성할 때가 왔다. 한 마디로 정치 지도자를 잘 못선택해서 벌어지고 있는 상황이다. 지금 우리는 국력을 해외 시장을 향해 장보고처럼 동해에서 그리고 남해의 물결을 헤쳐나아 가야 한다.

박정희 대통령이 왜 민족중흥과 새역사 창조에 성공할 수 있었던가?

사색당파 싸움에 익숙해져 3김씨들의 시대 처럼 호남, 영남, 충청 싸움이 습성화 됐고 여당과 야당 그리고 자유당과 민주당 싸움질에 신바람을 냈었다. 우리 자신도 모르게 그러한 싸움질에 익숙했었다. 이래서는 오그라지고 망해져간다.

국민 모두의 눈을 광대무변한 해외시장에 돌려 베트남

전선에 가서 총질을 했고, 중동 모래위에 고속도로를 뚫었다. 오일머니로 호주머니가 두둑해지고 배에 기름이 끼이자 싸움질만 해왔던 생각이 달라졌다.

이것이 이 땅에 새역사를 창조하게 만들었다. 85달러였던 1인당 국민소득이 2000배가 넘는 기적을 이루어 냈다. 연간 수출 5천만 달러가 5000억 달러의 나라가 됐다. 세계 1위 상품이 100개가 넘는 나라, 반도체 강국,. 선박수출 1위의 선박국가가 됐다.

지금 워싱턴에서 베이징 까지 세차게 불어 오고 있는 패러다임은 무엇인가?

양극화, 과거청산, 엉터리 개혁, 좌파이념 투쟁이 아니다. 무능력한 노무현 대통령은 착각하고 있다. 대학을 졸업하고서 취직시험 100차례 낙방하고 길거리를 배회하는 청년들이 100만 명이 넘고 있다. 그들이 나의 아들과 딸이라면 화려한 바이오렛 꿈에 흐느적거릴 때가 아니다.

워싱턴과 베이징을 향해 총력 질주하라고 고함을 질러댈 때다. 좌파 이념에 취해서 북한에 통크게 달러를 퍼붓어 주고 싶어 안달을 할 때가 아니다. 무진장하게 널려 있는 해외시장의 달러를 쓸어 담아내는 전략과 전술을 향해 총력을 집중할 때다 100만 명의 청년 백수들은 죄가 없다. 그들에게 죄가 있다면 지도자 노무현을 잘못 선택한 죄뿐이다. 순간의 착각이었든 화려한 거짓말에 취했던 그들의 고통과 찌든 삶은 자기들의 선택이었다.

"아, 잘못 선택했어. 그게 아닌데……."

후회를 해봤자 소용이 없다. 경순왕을 탓해 봤자 망해버린 신라가 다시 부흥될 리 없다. 고종의 무능을 탓해봤자 조선이 다시 일어서지 못한다.

이것이 냉혹한 역사의 진리다. 역사는 가정(假定)을 허락하지 않는다. 그럴 수 밖에 없다. 거짓말로 국민을 현혹시켜 냈던, 사기극을 벌였든 모두 잘못은 국민의 몫이고 피해 역시 고스란히 국민이 당한다.

"아, 노무현을 선택하지 않했어야 옳았었는데……."

이제는 반성할 때다. 한국인은 유별난 민족성을 가지고 있다. 잘못된 역사에 대해서는 가혹한 매질을 가한다. 임진왜란때 야비하고 비겁했던 선조와 각료들은 백성들을 왜적의 진영에 버리고서 자기만 살아 보겠다고 임진강을 건너 도망 쳤다. 그들의 등에 대고서 돌팔매질을 쳤다.

"살아도 같이 살고 죽어도 함께 죽어야지 자기만 살겠다고 도망치다니 해도 너무 하십니다."

선조는 이 소리에 가슴이 찢어지는 아픔을 느꼈다. 그러나 백성들은 마음을 다잡고서 죽창, 낫, 괭이를 들고 조총으로 무장한 일본 왜병과 대결했다. 용맹스럽고 신출귀몰하는 의병들이 전국 곳곳에서 일어났다. 그런가하면 승려들이 일어나 손에 칼과 낫, 죽창으로 무장했다. 그 가운데서 사명대사는 대단한 위력을 발휘했다. 그의 분전으로 왜병들은 떼죽음을 당했다. 30만 대군으로 침략했던 왜적은 겨우 15만여 명이 살아 돌아 갔다. 사실상 7년에 걸친 처절한 전쟁에서 일본은 참패했다.

나라가 위기라고 판단이 되면 자기 목숨을 가볍게 바치고 싸웠던 국민성은 세계 어느 민족에게서 찾아볼 수 없는 특이한 것이다.

1950년 6월25일 북한 김일성의 야망으로 시작되었던 한국전쟁에서도 국민의 대오각성은 무서운 힘을 발휘했다.

20개 사단 30만 대군과 소련제 전차 1200대, 박격포, 야포 4000문 300대의 전투기와 폭격기로 물밀듯 몰려왔던 김일성 공산군은 불과 3개월여만에 낙동강까지 점령해 버렸다. 이러한 광경을 직접 체험한 국민들이 일어나 총을 잡았다. 죽고 또 죽어도 일어섰던 학도병, 의용군은 그들을 북한 땅 최북 쪽 혜산진까지 몰아냈었다.

학도병과 의용군의 전투력은 무서운 힘을 발휘했다.

한국인의 국가를 향한 무서운 힘은 무려 963회에 걸친 외침이 있었지만 국가가 망하지 않고 문화와 전통이 흐트러지지 않았다.

참으로 대단한 저력이다.

저력은 보이지 않는 숨은 힘이다. 그러한 힘을 발휘할 때가 됐다. 조짐은 여러 차례 나타났다. 노무현 대통령 취임 이후 두 차례에 걸친 보궐선거에서 27대 0이라는 결과가 있었다.

그것은 어떠한 의미가 있는 것일까?

"노무현 대통령이시여! 잘 하이소. 우리는 당신에게 지금 처럼 통치하라는 것이 아니었소이다. 정신 바짝 차리시오."

아마 이런 메시지가 담겨 있었을 것이다. 그러나 이념 병에 걸려서인지 아니면 엉뚱한 역발상을 하고 있어서인지 오불관언(吾不關焉)이다.

국민의 마음은 천심(天心)이다.

천심을 무시하면 천벌을 받는다. 천벌은 어떠한 변명으로도 면해지지 않는다. 루마니아의 차우세수크, 유고의 밀로세비치, 소련의 스탈린, 한국의 이승만은 비극적인 최후를 맞았다. 그런가하면 인류를 저버리고 저항했던 이라크의 후세인, 아프가니스탄의 물라 오마르 등은 인간이 내린 벌이 아니다. 인간의 힘을 빌려 하늘이 내렸던 벌이라 보면 틀림이 없을 것이다.

한국의 앞날, 노무현 대통령의 훗날을 위해 국민이 선택할 일은 무엇인가?

우리는 철저하게 과거를 반성하는 일이다. 노무현 후보의 그럴듯한 입담에 속았었다면 1400만 명이 모두 속지는 않았을 것이다. 다만 노무현류의 거짓말을 체험하지 못했을 뿐일 것이다.

그럼 어떻게 그럴듯한 거짓말에 속임을 당하는 걸 예방

할 수 있을까?

한국인은 누구나 정(情)에 약하다. 다정다감한 민족이라서 정(情)에 약하다. 다정다감한 민족이라서 정(情)에 약할 수밖에 없다. 촘촘하게 그물망을 짠다해도 그 작은 그물망의 구멍을 빠져 나가려는 배짱을 가진 자가 나타나면 속수무책이다.

김대중씨는 거짓말의 달인이다.

한 시간에 걸쳐 이런저런 말을 한다. 그 말들을 하나씩 검증해 보면 모두가 거짓말이다. 오직 한 마디 진실이 있다고 하면 그의 말씀 중에 「김대중」이라고 하는 고유명사 한 마디만이 참말이었다고 한다. 참으로 대단한 거짓말꾼이다.

그의 통치 5년 동안에 기괴한 일들이 무수하게 벌어졌다. 노벨 평화상 수상자라며 역사상 초유의 일이었던 것은 틀림없는 사실이다. 그러나 알고 보니 안전기획부가 중심이 된 로비스트들의 준동이 결정적 역할을 했던 것이다. 노벨재단이 위치해 있는 스웨덴에서 안기부요원들이 다각도로 활동을 벌여 한국이 노벨 평화상을 거둘 수 있는 최고의 이벤트 「김대중과 김정일」의 만남이라는 사실을 알아냈다. 즉시 베이징 안가에서 박지원과 송호성이 협상테이블에 마주 앉았다.

"달러를 주시면 얼마든지 가능하오."

"얼마를 달라는 거요?"

"10억 달러"

황당하고 있을 수 없는 협상이었다. 그러나 노벨 평화상을 받아낼 일이라면 1조원쯤 얼마든지 쓸 수 있는 돈이다. 또 돈 마련은 눈앞에 봉이 한 명 대기하고 있다. 그가 바로 현대그룹의 정몽헌이다. 대북사업에 목숨을 걸고 있는 사나이었다. 그러하니 노벨 평화상은 그저 길에서 줍는 꼴이다.

이렇게 얻어낸 노벨 평화상이 그에게 무슨 의미가 있을까?

배우지 못하고 철학이 없는 그에게 명예욕은 목숨과 바꾸고 싶었을 것이다. 그래서 국민을 속이고 나라의 앞날이 걱정되는 일이었지만 무조건 강행했던 것이다.

김대중 5년 사이에 거짓말은 언론에서 중요한 화두가

됐다. 아주 자주 거짓말 특집을 마련했었다. 그토록 당하고서도 또다시 거짓말 전도사를 대통령으로 선택했으니 나라가 뿌리부터 흔들릴 수밖에 없고 국민의 삶은 고달플 수밖에 없다.

일부 식자들은 나라의 앞날을 걱정했고 대안 제시까지 했었으나 어쩔 수 없는 일이었다.

한 마디로 요약해서 결론을 내리자면 국운(國運)일 뿐이다.

국운을 개척하고자 하는 열화와 같은 의지가 있다면 좀 더 적극적으로 위대한 지도자를 맞아 들여야 한다. 광야에서 죽음의 그림자가 어른거렸던 이스라엘 민족을 보라. 이집트에서 대탈출 결행하고서 젖과 꿀이 흐르는 가나안을 향해 가는 길이 너무나 험란했다. 내려 쪼이는 태양 아래에서 기갈과 배고픔으로 더 이상 걷지 못했다. 그러나 그들은 마실 물과 밥을 애원하지 않았다.

"오, 전지전능한 하나님이시여, 저희를 바르게 인도할 지도자를 보내 주시옵소서!"

역시 지혜로운 민족이었다. 그들의 간곡한 기도와 희망

에 하늘이 감동했다. 지성(至誠)이면 감천(感天)하는 법이다. 예비하고 준비했던 모세가 앞장서도록 했다.

모세는 현명한 지도자였다. 지혜와 용기가 있는 사나이였다. 신앙심이 돈독하였고 지도자가 갖춰야할 덕목을 모두 갖췄다. 그는 진퇴양란의 처지에 있었다. 앞에는 홍해, 뒤에서는 이집트 대군이 추격해 오고 있었다.

바로 이때였다. 모세는 손을 들어 하늘을 향했다. 그리고 큰 소리로 외쳐댔다.

"하나님이시여, 어찌 하오리까"

간절하게 소망하자, 홍해가 갈라졌다. 이 광경을 보고 있던 백성들이 모두 홍해를 건넜다. 마침 당도했던 이집트 군인들은 갈라진 홍해를 향해 돌진했다. 그러자 다시 물이 합해졌다. 추적하던 이집트 군인들은 모두 수장되고 말았다.국민 모두가 모세와 같은 지도자를 보내 달라고 간절하게 소망해야 한다. 그럴 때, 국운을 개척할 위대한 지도자가 국민앞에 나타나게 된다. 시대를 앞서갈 지도자를 위해 온 국민이 한 마음으로 기도해야 한다. 그것이 우리가 선택할 수 있는 최선이다.

2. 시대가 던져준 패러다임

소련이 무너지고 러시아가 출현하면서 세계는 달라졌다.

동서냉전이 사라지고 유일한 초강대국 미국이 세계 경찰국가로 등장했다. 따라서 이념의 시대가 없어지고 상품 경쟁시대가 출현했다. 국가와 국가 사이에 존재했던 국경이 사라지고 상품의 가치를 겨루는 무한경쟁시대가 됐다.

과학과 신기술, 신물질을 가지는 것이 강대국의 조건이 됐다. 1류만이 살아 남고 2류, 3류는 소리없이 사라지고 있다.

중국과 인도가 일찌감치 세계의 공장으로 자리잡고 있

다. 모택동 시대만 해도 소련과 영토분쟁을 했고 인도와
도 적대국이 되었다. 지금은 중국과 러시아는 동반자가
되어 에너지개발 기회를 놓고 친구이상의 관계가 됐다.
세계에서 제일 값싼 제품을 만들어 세계가 중국의 시장이
됐다. 매년 9%가 넘는 고도성장을 무려 10년째 지속하고
있다.

한편 세계 열강이면서 라인강변의 기적을 자랑하던 독
일이 고율의 실업, 저율의 경제성장, 구매력 감퇴로 인한
장기불황에 시달리고 있다.

중국과 독일은 어디에서 무슨 일로 해서 이런 일이 벌
어지고 있는 것일까?

시대의 패러다임을 제대로 읽고 있었느냐가 두 나라의
현실을 갈라놓게 하고 있다. 중국은 등소평, 강택민, 후진
타오로 이어지는 실용주의 노선에 따라 경제성장 제일주
의를 추구해 왔다. 또 세계로부터 투자유치를 현명하게
하여 세계공장의 검은 굴뚝이 무제한으로 가동이 되고 있
다.

그러나 독일은 좌파들이 집권하면서 성장 보다 분배 우

선을 택했다. 분배우선은 달콤한 대중영합주의에 현혹되게 하지만 결국 국민들에게 고통을 주는 마약이다.

왜 독일이 이럴 수밖에 없었던 것일까?

뼈아픈 실패의 교훈을 거울삼아 성장우선주의로 돌아서고 있다. 메르켈 수상의 등장이 바로 이것이다.

시대의 패러다임은 1등 상품 창출이다. 1등 상품을 가진 나라는 작지만 강대국이다. 지난 시대에서는 강대국은 강력한 군사대국이었다. 1등 상품을 자랑하는 스웨덴을 작은 나라이지만 강국이라 하지, 군사대국 러시아를 강국이라 하지 않고 있다.

이렇게 패러다임이 바뀌고 있다.

프랜시스 후쿠야마 교수가 제시하고 있는 강대국의 조건은 이렇다.

첫째 국가조직을 어떻게 할것인가.

둘째 정치체제를 어떻게 할것인가.

셋째 합법성을 어떻게 추구할 것인가

넷째 문화적 전통이 있는 나라인가.

이상의 네가지 요소가 강한 국가인가, 아니면 허약한 국가인가로 구분이 되어 진다는 것이다.

강한 국가가 되려면 국가조직을 하면서부터 인사가 만사가 되어야 한다. 나의 사람, 내가 정치하면서 신세졌던 사람에게 한 자리씩 주게 되면 그 나라는 도둑국가가 되는 것은 필연이다. 마가릿 대처 여사는 그의 저서 「국가경영」에서 아프리카와 아시아에서 부패한 정치지도자들이 자기의 호주머니를 채우기 위해 모든 역량을 집중한다고 지적했다.

노무현 대통령은 국가조직을 확대시켜 공무원을 3만 5000명이나 증원시켜 3조5000억 원 예산지출을 늘려 놓았다. 대통령 직속 위원회를 27개 두어 위원회 공화국이라는 별명을 붙이게 했다. 국영기업체 임원으로 학교 동창생이나 정치 후원자들을 앉혔다. 정치하면서 신세졌었던 동지들은 모두 한 자리씩 차지하고 있다.

세계에서 그 어느 국가도 이렇게 인사를 하는 나라가 없다.

국가경영 실패는 여기서 끝이지 않고 있다.'

외환은행을 매각하면서 마치 하이에나가 시체잔치를 하듯 누군가에 의해서 재무제표 숫자를 조작해서 헐값으로 매각했다. 1조 5000억 원으로 매각했는데 2년 만에 매각차익이 4조 5000억이나 됐다. 지구상에서 처음 보는 대박이다. 나라를 팔아먹던 이완용을 매국노라 해서 국민들은 증오하고 있다. 100년 전의 일이다. 현대판 이완용이 나타난 셈이다.

거대한 국가재산을 매각하면서 노무현 대통령 모르게 해냈을까?

천만의 말씀이다. 자잘구레한 일까지 콩이다 팥이다 따지고 있는 대통령 중심제 나라다. 외형상 대통령 재가사항이 아니라 하더라도 구두로 허락을 받았어야할 일이었다. 마가릿 대처와 프랜시스 후쿠야마 교수가 말하고 있는 전형적인 「도둑국가」 모습이다. 도둑국가는 강대국의 반열에 오를 수 없다.

이미 큰 정부를 주장하면서 국가재정은 파탄위험 신호를 보내고 있다. 비상벨이 계속 울리고 있다. 국가부채가

148조이었던 것이 300조원에 육박하고 노무현 대통령이 임기를 마치게 되는 2008년에는 500조원을 넘어서게 됐다. 부채에서 발생하게 될 이자가 100조원이 되면 국가예산의 50%가 된다.

아마 공무원의 월급이 제대로 지급되지 못하게 되면 나라 일이 순조롭게 처리되지 못하게 된다. 또다시 건국 초기 때처럼 생계형 공무원 부정부패가 자행되게 된다. 국가가 집행하고 있는 인허가에 급행료가 부활되면 나라의 경쟁력이 생겨날 리가 없다. 그래서 도둑국가는 강한 나라가 되지 못하게 된다고 석학들이 보고 있다.

나라 경영이 이 지경이 되었으니 그 책임을 논할 수밖에 없다. 2002년 국민들의 선택이 어떠했던 것인가를 따져보지 않을 수 없게 됐다.

왜 국민들은 바보같은 선택을 하게 되었을까?

프랜시스 후쿠야마 교수가 지적해 주고 있는 정치체제를 재론하지 않을 수 없다.

일본은 지난 10년 동안 지독한 장기불황에 시달렸었다. 그들은 지난 10년을 일본 역사에서 「잃어버린 세월」이라 하고 있다. 수 백조엔의 재정을 쏟아 부었지만 경기는 여전했다. 세계 최대 외환보유국, 세계 최고 수출국가, 세계에서 제일 많은 1등 상품을 가지고 있는 나라. 세계 제일의 1인당 국민소득을 자랑하고 있는 일본에서 노숙자가 거리를 메우고, 청년 실업자가 600만 명이고 대학을 졸업하고서 일자리가 없어 공원으로 향했다. 풍요속에서 빈곤했다.

왜 이런 일이 벌어졌을까?

일본 정치체제에 심각한 문제가 있었던 것이다. 천재 장군이었던 맥아더 점령군 사령관이 군사제국주의를 무너뜨리고 두 번 다시 침략행위를 하지 못하도록 안전장치를 만들어 놓았다. 일본이 침략국가이기를 포기하게 만든 안전장치는 부패정치가 영원히 지속되도록 일본의 정치체제가 보스정치체제 로 만들어 놓았다.

정치 보스는 수하에 많은 국회의원을 부리도록 했다. 정치입문을 하려면 누구나 보스 문하생이 되어야 했다. 문하생이 되면 보스로부터 정치자금을 지급받는다. 지급받은 정치자금을 뿌려서 조직을 창출해낸다. 선거 때가 되면 그 조직을 통해서 국회의원에 당선이 된다.

보스는 많은 정치자금을 모으기 위해 기업과 유착을 한다. 기업은 정부의 특혜를 필요로 한다. 특혜는 경쟁 기업을 제치는 비법이 된다. 기업은 정치 보스에게 헌금을 하고 정치 보스는 그 돈을 문하생에 지급한다. 정경유착과 정치부패는 생태적인 것이 되고 말았다.

일본의 신화적인 정치 보스 다나카 수상겸 자민당 당수는 로키드 보잉사의 정치자금 3억 달러를 받았다. 그것으로해서 검찰의 칼에 베어졌다. 다나카 수상은 정치무대에서 사라졌다.

부패한 정치는 경제의 덫이 되고 말았다. 결국 일본 경제가 침몰되는 비극을 낳고 말았다.

일본의 현자 마스시다 고노스케 회장은 이미 25년 전에 정치가 경제의 덫이 되리라 예견했다. 개인 자산 500억 엔을 희사하여 「정경숙(政經塾)」을 만들었다.

정경숙이란 무엇인가?

정치인 양성기관이다. 대학을 졸업하고 정치를 하고자 하는 정치지망생 10명 안팎을 선발한다. 이들에게 매월

일류 회사사원 급료를 지급한다. 5년 동안 공부를 무료로 받게 된다. 강사진은 세계 최고 석학들이 초대된다. 이들을 통해서 일본 정치판을 개혁하고자 했다.

일본인다운 발상이었으며 일본인다운 정치개혁이다.

한국 역시 정치판을 바꾸지 않으면 경제가 망하고 나라가 남미의 아르헨티나, 베네주엘라, 브라질, 필리핀처럼 무너질 수밖에 없다.

한국에서 김대중, 노무현과 같은 대통령의 출현은 어쩔 수 없는 현실이었다. 마가릿 대처, 프랜시스 후꾸야마 석학이 강대국의 조건으로 정치판을 선 듯 제시하고 있는 이유를 알아야 한다.

마가릿 대처는 대학교수 출신으로 정치에 입문해서 「영국병」을 치유해냈던 세계적인 정치인이다. 초강대국이었으며 산업혁명을 일으켰던 세계최초의 초일류 국가 영국이 어느날 3류 국가로 무너져 버렸다. 1년에 170여 일을 파업하며 임금인상과 복지확충을 요구하는 강력한 노조, 경제기반이 무너져 아우성치는 서민층, 10%가 훨씬 넘는 실업율로 해서 거리와 공원에는 실업자들이 득실

거리고, 악성 인프레로 해서 치솟는 물가고, 경쟁력을 잃고서 문을 닫는 중소기업들……

영국병을 앓고 있던 런던은 죽음의 도시로 생기를 잃어버렸다. 마치 오늘의 서울과 엇비슷했다.

바로 이때 등장했던 마거릿 대처여사는 오직 위대한 영국만을 생각했다. 11년 반 동안에 악마와 같았던 노동조합과 무한 대결을 벌였다.

「파업금지법을 제정하라!」

"1,000년 정통과 역사를 파괴하는 괴물요괴가 출현했다. 대처 총리, 하야하라."

대처는 칼을 뽑아 들고서 과감하게 시위대의 전면에 나섰다. 파업으로 지쳐 있던 영국국민들은 자유스런 노동조합 활동과 나라살리기를 놓고서 우왕좌왕하다가 결국, 완고한 여수상의 편으로 돌아 왔다.

영국산하에 붉게 물들어 있던 노동조합 건달의 시대가 막을 내렸다. 동시에 지독했던 영국병이 점차 치유됐다.

세계 최강국의 모습이 살아 났다.

이제 영국인들은 대처 수상이 영국을 구했다며 영웅으

로 모시고 있다. 마치 이순신을 구국의 영웅으로 모시고
있는 것과 마찬가지였다.

그러나 대처는 잠시도 쉬지 않았다. 국가 공권력이 무
너지면 나라는 이미 나라가 아니라면서 공권력 제일주의
를 지향했고 대처리즘으로 이론화됐다. 대처리즘을 배우
고저 하는 나라들이 줄을 잇었다. 정력적으로 세계를 누
볐다. 1년에 150회 이상 강연에 나섰다. 세계 각국의 대통
령, 수상, 국왕과 만나서 담론을 나누었다. 그러한 주체험
을 책으로 엮어냈다.

「국가경영(國家經營)」

정치지도자가 국가경영을 위해서 필요한 사항을 학문적
으로 집대성한 것이다. 여기에서 도둑국가론을 제시했다.

이 책은 한국의 현실을 직접 보고서 이론을 전개한 것
으로 착각할 정도다.

김대중 대통령은 공천장사로 부(富)를 축적했다. 그의
개인 사당이었던 평민당 총재시절 부끄럽게도 막대기에게
공천을 줘도 막대기가 선거에서 압도적 다수로 당선이 되
었던 일이 있었다.

전주시장 선출을 하는 선거에서 진면목이 유감없이 나타났다. 전과 3범이며 중학교 졸업이 학력의 전부였던 인물을 시장후보로 공천을 하려 했다. 형식상 공천권은 도당위원장 김원기 의원의 몫이었다.

"총재님, 이 사람은 전주시장 후보로 부적합 합니다. 전주는 역사의 도시이면서 풍류의 도시입니다. 전주시민의 자존심이 있습니다. 그 자존심은 정치인이 지켜줘야 합니다."

"위원장"

"네?"

"시장후보자는 당원투표에 의해서 선출하도록 되어 있지요?"

"그렇습니다."

"그럼 투표에 붙여 주시오."

김대중은 전과 3범을 전주시장으로 추천해서 당원투표에 올려졌다. 결과는 만장일치였다. 김원기 도당 위원장은 사표를 내고서 탈당했다.

일금 40억원 수수설이 나돌았다.

44

전과 3범 평민당 후보는 전주시장선거에서 압도적인 우세로 당선이 됐다.

전과3범은 전주시장 취임 3개월째 되는 날, 드디어 대형 사건을 일으키고 말았다. 전주시에서 발주하는 대형 공사에 자기가 대주주로 되어 있는 건설회사 임원을 시장실로 불러 들였다.

"내정 가격은 28억원일세. 우호적인 건설회사 두 곳에 떡값을 지급하고서 공개입찰에 응찰하도록 하게나."

불법이었다. 이상하게 시장실에서 입찰이 있었다. 형식상 입찰이었다. 너무 한심스런 입찰을 보고 담당 공무원이 전부 녹음해서 검찰에 투서를 했다.

시장취임 6개월만에 전과 3범은 구속이 됐다.

이렇게 뻔뻔스런 공천장사는 시장뿐이 아니었다. 도지사, 시의원, 도의원, 군수, 면장, 동장, 교육감, 국회의원 공천을 하면서 장사를 했다.

돈에 대해서 영악스런 인물이 대통령에 당선되자 어떤 일이 벌어졌던가?

세계경영을 선언하고 수출과 달러벌이에 총력전을 펼치

고 있던 재계 2위 대우그룹을 공중분해시켜 버렸다. 참으로 무자비한 만행이었다. 아프리카 황야에서 사자가 물소를 사냥한다. 안심하며 내장을 맛있게 뜯어 먹은 다음 나머지는 버리고 만다. 사자가 떠난 다음, 하이에나떼들이 출몰한다. 그들은 뼈조각 하나 남기지 않고 모두 먹어 치운다. 정치한다면서 굶주렸던 그들은 무섭게 달려들었다.

이들의 도둑질 연장선상에 있는 노무현 사단 역시 외환은행 매각을 보면 형님과 동생의 수준임이 분명하다.

여기서 분명한 것은 시대의 패러다임이 바뀌었음을 알려 주는 비상벨이 울려주고 있다. 어떠한 경우에도 도둑국가만은 안된다는 것이다.

아, 어쩌다가 나라가 이 지경이 되고 말았단 말인가.

아프리카 소국들, 짐바브웨 보츠나와, 모잠비크, 에디오피아, 차드 등 추장이 통치하던 나라들이 해괴한 독재를 하고 있는 국가의 수준에 우리가 머물고 있다니 자존심 상하는 일일 뿐이다.

3. 지도자란 누구인가

민족에게 꿈을, 국가에게 명예를 남겨준 인물을 흔히들 영웅이라 한다.

지금 우리에게 영웅이 필요하다. 도둑떼들이 지나간 자리에는 풀잎조차 없다. 모두가 로또복권에 몰두해 있다. 1등에 당첨되어 횡재를 하면 그 돈을 밑천으로 훌훌 이민을 떠나고 싶어 한다.

아마도 고려를 건국했던 왕건이 뜻을 세우고 있을 무렵, 이러한 형국이었을 것이다. 형편없는 떠돌이 승려가 신인(神人)이라면서 지휘봉을 휘둘러 댔다. 이러한 사정은 후백제와 신라도 마찬가지 였다.

10년 후의 조국, 50년후의 역사는 아랑곳하지 않고 일
신의 안위와 영화만을 꿈꾸고 있었으니 백성의 눈에서 멀
어졌고 하늘이 외면했다. 스스로 죽음의 무덤을 팠던 셈
이다.

큰 뜻, 대망(大望)을 가지고 큰 길을 가고 있던 왕건에
게 모두 투항했다. 당연한 역사의 순리였다. 역사의 순리
를 전제로 어떤 지도자가 지금 이 순간에 우리 앞에 나타
나야 할까?

돈에 굶주리고, 돈을 최고의 가치로 삼는 잡견 같은 인
물은 제발 멀리해야 한다.

일본의 잃어버린 10년과 한국의 잃어버린 10년은 다르
다. 민족이 다르고 민족성이 다르니 똑같은 10년이라 해
도 같을 수 없다. 일본인들은 불황의 고통속에서 최소의
지출, 최대한의 절약으로 하루하루 기다리면서 견뎌냈다.
조기 퇴출 당하고 일거리가 없게 되자 하루 두끼로 곤궁
한 삶을 이어 갔다. 이자가 없는 은행예금을 지켜 가려고
무진장 고심했다.

그러나 한국인은 각자 살길을 찾아 이리 뛰고 저리 달

리면서 길을 찾아 헤맸다. 경험이 전무하면서도 「하면된다. 꿈은 이루어진다」는 신념에 불타올랐다. 한마디로 역동적이었다. 퇴직금, 은행예금, 은행대출금 등 활용할 수 있는 돈은 모두 끌어 모은다. 그리고 자영업에 도전한다. 손쉽게 할 수 있는 것이 음식점, 세탁소, 수퍼마켓, PC방, 제과점, 노래방, 바둑 기원 등이다. 주택가 골목은 물론이고 소로변 점포에 이것 저것 연일 생겨난다. 음식점이 마치 개미떼 같았다. 여기에서 심각한 문제가 발생했다. 고객은 한정되어 있는데 음식점이 많이 생겨나니까 자연히 고객이 줄어들었다. 너도 고객이 없고 나도 고객이 없었다.

6개월쯤 지나다 보니 고객이 있어 그런대로 현상유지가 되고 있는 점포가 가뭄에 콩이 나듯 한둘인가 하면 파리 날리는 곳이 거의 전부였다. 적자가 발생하는 것이었다. 고객 없는 점포가 하나 둘씩 문을 닫더니 급기야 거의 모든 점포가 문을 닫을 수밖에 없었다.

이러한 현상은 음식점뿐이 아니었다.

세탁소, 수퍼마켓, PC방, 노래방, 제과점, 기원 등 모두가 똑같았다. 고객의 호주머니 사정이 좋지 않았던 것도 한 몫을 했다. 3년여에 걸친 장기불황은 모든 사람을 못살게 만들었지만 경험도 없이 무조건 도전을 했던 무모함도 살벌한 불황을 가져오게 만들었다.

급기야 실패한 자영업자들이 가족동반 자살이 연이어 벌어졌다. 한강으로 가서 투신하는 사람이 있는가하면 휘발유를 몸에 뿌리고 자살하는 자가 속출했다. OECD국가 가운데서 자살이 가장 많은 나라가 됐다.

일본과 한국은 이런 점에서 똑같은 10년 세월이지만 국민이 느끼는 불황은 달랐다.

불황은 왜 발생하고 있는 것일까?

일본의 불황은 구조적인 것이다. 고령화가 오래 동안 계속되어 왔고, 신규 기업투자가 포화상태여서 고용사정이 악화될 수밖에 없다. 그런데다가 중국경제가 연 10년 이상 고도성장을 하면서 소비재 산업이 물을 퍼붓듯 침투해 오고 있다. 동남아의 빈민들이 불법으로 몰려와 일본 국민들이 혐오하고 있는 잡일감을 모두 침식해 버렸다. 일본인은 실업자가 되고 동남아 빈민들은 결사적으로 달려오고 있으니 불황은 어찌하지 못하는 골칫거리가 됐다.

한국 역시 일본과 엇비슷한 사정이다. 또 하나 더해지고 있는 것이 집권세력의 무능이다.

재벌기업을 적대시하고, 갖가지 규제를 올무덫처럼 늘어놓고 있다. 세계화로 해서 국경이 무너져 버렸다. 기업의 투자는 투자환경에 따라 철새처럼 옮겨 다닌다. 동서냉전 종식과 함께 패러다임이 바뀌었다.

지구상에 적대국가란 사라졌다.

소위 상극의 세계가 상생의 세계로 바뀐 것이다. 총과 칼을 녹여 쟁기와 호미로 바꾸었다. 너도 나도 외국인의 투자를 끌어 들이기 위해 죽기 살기 경쟁을 벌리고 있다. 중국의 푸동이 세계의 공장지대로 바뀌었다 마치 사막이었던 미국의 라스베가스가 세계의 도박꾼들이 몰려들어 불야성의 도박장으로 바뀌었다. 불과 10년만에 세계 제일의 환락의 장으로 돌변했다.

사막이던, 쓴도라 불모지이던 상관없이 투자가 있으면 환상의 도시로 급변한다.

이것이 동서냉전의 종식 후 세계를 휩쓸고 있는 패러다

임이다.

그럼에도 노무현 대통령 사단은 엉뚱하게도 이념투쟁을 벌리고 있다. 그들은 김일성, 카스트로, 차우세수쿠, 밀로세비치의 몰락을 보면서도 죽음을 향해 질주하고 있다. 이 장면에서 미8군 사령관이었던 위컴 대장의 말이 떠올려 진다. 그는 얼마전 타계를 했다. ROTC장교 출신이었던 그는 대학교 다닐 때 철학을 공부했던 무관이다. 세상과 사람을 보는 눈이 예리했고 남다른 점이 있었다. 기자들과 만나 대뜸 들쥐에 대해서 담론을 꺼냈다. 한국의 운동권에 대한 얘기였다.

"한국인은 들쥐 근성을 가진 민족이라 하면 적당하다고 생각합니다."

"들쥐 근성은 무얼 말하는 거지요?"

"들쥐는 강자에겐 한없이 고개를 숙이며 복종하지요. 아주 비굴하지요. 그래서 강자를 만나게 되면 강자가 짓밟고 물어뜯어 죽여도 도망치지 못하고 그대로 죽지요. 그러나 약자를 만나면 철저하게 군림하며 힘과 단결력을 과시하지요. 쓰러져 죽은 시체를 씹어 먹으며 환호성을 질러댑니다.

어디 그것 뿐입니까?

한 마리가 앞장서서 바닷물 속으로 질주하면 모두 뒤따라 빠져 죽어버리지요.

"한국인을 너무 비하하시고 있지는 않으십니까?"

"아닙니다. 한국인은 우수한 두뇌를 소유한 위대한 민족입니다. 예술성을 천부적으로 가지고 있고 평화를 사랑하는 민족입니다. 인도의 시인 타골은 한국인을 동방의 횃불이라 예찬했습니다. 그러나 들쥐 근성도 가지고 있는 것이 엄연한 현실입니다. 6.25 한국전쟁사를 보면 빨치산들의 무자비한 만행을 보십시오. 무고하고 힘없는 주민을 향해 죽창으로 찌르고 방화하고 약탈하면서 그것도 부족해서 돌맹이로 쳐 죽이는 만행을 저질렀습니다. 그들의 야만성이 들쥐를 닮아 있습니다.

운동권을 보세요.

민주화 운동을 빌미로 미문화원에 방화하는가 하면 분신자살 특공대가 밤낮없이 날뛰고 있습니다. 제2차 세계대전중 가장 야만적이고 폭력적이었던 일본군의 가미가제 공격, 옥쇄작전, 할복 자살과 같은 비이성적이고, 비인간적인 모습이었습니다. 한국의 운동권은 너무 닮아 있습니다. 들쥐와 같은 존재들임에 틀림이 없습니다."

지금 들쥐 근성의 시대는 지나 있다. 타도해야 할 상대는 우리의 생각 속에 남아 있는 증오심을 비우는 일이지 재벌들의 부(富)가 아니다. 더군다나 부를 균등하게 나누어 주는 일도 아니다. 이미 독일, 프랑스가 복지균형 정책이라는 패러다임을 내어 걸었다가 참담한 실패를 했다.

그럼에도 변명하면서 댓글 장난을 하고 있다. 소인배의 치기같은 것이다. 이념투쟁은 옹고집과 같은 것이다. 옹고집은 편견이다.

정치 지도자에게 편견은 그냥 넘겨지지 않는 망본이다.

역사에서 너무 많은 것이 읽혀지고 있다. 대원군의 척외지향은 나라를 망하게 만들었던 옹고집이었다. 서구의 산업 혁명 물결을 칼과 도끼로 막아낼려 했던 대원군의 척외지향으로 조선의 근대화 기회는 사라져 버렸다.

지금 우리가 불황으로 고통을 받고 있는 것은 무식한 386세대의 옹고집 때문이라 해도 틀린 말이 아니다. 그와

54

함께 노를 저어가고 있는 노무현 대통령의 속좁은 편견과 옹고집이 바로 국민의 고통이 되고 있다.

제2차 세계대전에서 히틀러의 독일이 패망할 수밖에 없었던 것은 바로 히틀러의 옹고집이었다. 그것은 끔찍한 살인 행위였다.

히틀러는 국가발전 전략에 밝았다.

독일이 세계를 지배하기 위해서는 국가발전의 핵심이 되는 자원이 필요했다. 독일의 자원은 제한되어 있었다. 자연히 해외로 눈을 돌렸다. 바로 가까운 나라 러시아에 무진장한 자원의 보고(寶庫)가 즐비했다.

우크라이나의 곡창, 우랄의 지하자원, 코카서그의 유전, 시베리아의 산림이 크게 보였다. 히틀러는 200만 대군으로 러시아를 침략했다. 현대화된 무기로 무장했고, 우수한 지휘관들의 지휘는 강력한 힘을 발휘했다. 단숨에 러시아의 최후 방어선 레닌그라드에 당도했다. 전투가 시작되자마자 후퇴만을 거듭하고 있는 러시아군을 우습게보았다.

그 사이에 겨울이 돌아 왔다.

프랑스의 나폴레온이 100년 전에 나섰다가 100전 100승의 신화가 무너졌던 것이 바로 모스크바의 추위였다.

현대식 신무기가 강추위를 견뎌내지 못하고 꽁꽁 얼어붙었다. 또 꽁무니만 빼면서 도망쳤던 러시아군이 돌변했다. 강한 군대로 반격에 나섰다. 3개 군단으로 침공했던 독일군은 선봉대가 적의 포위망에 갇히게 됐다. 총탄과 식량 보급이 중단되었다. 추위로 해서 동사자가 매일 1000여 명 발생했다.

"히틀러 총통각하, 선봉에 서 있는 1군단을 전략상 볼가강 후방으로 후퇴를 시켜야 되겠습니다."

"장군, 나의 사전에 후퇴는 없소. 무엇이 문제인가요?"

"전쟁물자가 바닥났구요. 동상환자가 속출해서 매일 1000여 명이 동사하고 있습니다."

"즉시 요오들 사령관에게 지시해서 충분하게 군수물자 공급을 해 드리겠소."

거짓말이었다. 하루 300 톤의 군수물자가 필요한데 170 톤 이상 수송해 주지 못했다. 공군총사령관 괴링 원수 역시 히틀러 총통의 명령에 순종하는 아부파였다. 궁지에 처한 참모총장 시슬러 원수는 만슈타인 장군, 파울루스

장군 등 맹장을 앞세워 건의를 했지만 옹고집을 부렸다. 무려 6차례에 걸친 건의에도 철저하게 자기 고집을 꺾지 않았다.

결국 200만 독일군은 러시아군의 포위 공격을 받고서 90만 명이 전사했고 60만 명이 포로가 됐다. 살아서 돌아온 병사는 불과 50여만 명에 불과 했다.

한마디로 참패했다.

히틀러 총통의 옹고집과 편견으로 90만 명 병사가 떼죽음을 당하고 말았다.

이 책임을 어떻게 져야할까?

지도자의 헛된 망상이 가져온 비극이 되고 말았다. 희생자 200여만 명에 대해서도 가슴 아픈 일이지만 패전 후 독일 국민이 당해야 했던 고통은 온 산하에 한(恨)이 되어 메아리쳤다. 국민들에게 남겨진 것이라고는 라인강의 모래알과 폭격으로 무너진 건물의 허망한 벽이 전부였다. 점령군이 던져주는 코카콜라와 빵조각을 받아먹어야 했다. 독일이 낳은 전후의 명재상 에르하르트는 독일국민에게 호소했다.

"독일 국민이여, 코카콜라와 빵을 버리시오. 그대신 라인강의 모래알을 씹으십시다. 이 고통을 참아낼 수 있어야 승리자가 될 수 있습니다."

독일 국민들은 그의 말대로 허리띠를 졸라매고서 무너진 벽에 텐트를 치고 기계를 돌렸다. 사무실은 허허 벌판을 사용했다. 햇빛에 까맣게 그을려 가면서 죽기살기로 땀을 흘렸다.

무엇 때문에 이런 고통을 겪어야 했을까?

지도자 히틀러의 옹고집이 그 원인이었다.

16억 중국인의 아버지 모택동은 엉뚱한 고집을 부렸다. 온 국민을 인민공사, 대약진운동, 총력노선 등을 추진했던 삼면홍기(三面紅旗)정책으로 해서 7억 인구의 10% 7000만 명이 죽었다. 농사일을 해보지 않았던 사람을 인민공사에 투입시켜 농삿일을 하게 명령했다.

농사가 되겠는가?

농민들은 가을걷이를 마치고 나면 겨울은 쉬게된다. 그러나 총력노선이라면서 소형 철주물공장을 농촌마다 세워 제철(製鐵)을 하도록 시켰다. 농민은 제철을 모른다. 문외

한들이 만들어 놓은 철이 온전할 수 없다. 철찌꺼기가 온 산하를 얼룩지게 만들었다.

연속적으로 대흉년이 찾아 왔다. 식량이 없어 굶주리던 국민들이 쓰러져 갔다. 시산시해의 산하를 보면서 주은래, 등소평은 모택동이 죽어야 중국인민이 산다고 생각했다. 전인대 회의석상에서 반기를 든다.

"검은 고양이든, 하얀 고양이든 쥐잡는 고양이가 옳은 것이오. 삼면홍기 정책은 폐기시켜야 인민이 삽니다."

모택동의 옹고집에 대한 공격이었다.

이제 우리 국민이 3년 불황에 고통을 받고 있는 이유를 알만할 것이다. 국민이 당하고 있는 고통은 부실한 지도 자에 의한 것이라 인식해야 한다.

미국이 인류역사이래 최고의 초강대국이다. 로마시대의 로마 보다 몇 십배 강력한 대국이다. 모든 길은 미국 워 싱턴을 통한다. 바이 아메리카 정책이 세계를 지배하고 있다.

미국이 초강대국이된 원인은 어디에 있을까?

건국 200년 동안 국민이 뽑은 대통령이 부실했던 것은 단 2명에 불과 했다. 모두가 현명한 지도자였다. 건국의 아버지 조지 워싱턴을 비롯하여 남북전쟁에서 승리했던 링컨, 제2차 세계대전을 승리로 이끌었던 루즈벨트, 동서 냉전을 해소시킨 레이건 등 면면을 보면 미국이 강대국이 될 수 밖에 없다는 점이 수긍이 된다. 거짓말을 밥먹듯하고 정부재산을 사용으로 도둑질하는 대통령이 단 한 사람 나오지 않았다. 그것이 이상한 일이다.

　제2차 세계대전의 영웅 영국의 처칠수상을 보면 국가경영에서 지도자가 어떤 존재인가를 느끼게 한다.

　어리석은 수상 챔벌린은 웅변가였다. 그의 달변에 영국 국민들은 매혹되어 있었다.

　"여기 평화보증서를 가지고 왔습니다. 오늘부터 베개를 높이 베고서 깊은 잠을 잘 수 있게 됐습니다. 독일의 히틀러 총통과 저 챔벌린 수상은 불가침 조약을 이렇게 체결했습니다. 유럽 평화의 기초가 되어 세계평화가 이루어지게 됐습니다.

　여러분 축하합시다!"

히틀러는 폴랜드, 체코, 오스트리아, 벨기에, 프랑스, 헝가리, 유고슬라비아, 루마니아 등을 침략한 다음, 영국을 향해 V2 유도탄을 정조준할 속셈이었다. 검은 독수리가 토끼를 낚아 채기 위해 사나운 발톱을 숨기고 있었던 것이다.

달변의 수상 챔벌린은 히틀러의 본심을 모르고서 영독 불가침 조약에 서명을 했다. 히틀러는 유럽을 초토화시켜도 될 만한 디딤돌을 놓았던 셈이다.

3개월 후.

히틀러는 선전포고 없이 폴란드 오스트리아, 헝가리, 벨기에를 침략했다. 개전 6일만에 모두 점령했고 1개월 후, 프랑스 마지노선을 돌파 27일 만에 프랑스를 점령했다. 곧바로 영국을 향해 런던공습을 시작했다.

달변의 챔벌린 수상은 전쟁공포증 환자였다. 독일 잠수함이 영국 해상을 봉쇄하고서 30만톤 엘리자베스호 상선을 격침시켰다. 10여 일 사이에 50여척이 격침됐다. 챔벌린 수상은 벌벌 떨면서 어찌할 바를 몰랐다. 그러면서 조오지 6세 국왕에게 사의를 표했다.

이때 처칠이 수상으로 등장했다.

"내가 여러분에게 드릴 수 있는 것은 피와 노고와 눈물과 땀밖에는 아무것도 없습니다. 우리의 계획은 무엇이냐고 여러분들은 물을 것입니다. 그 질문에 대해서 나는 이렇게 대답하겠습니다. 바다와 하늘과 땅에서 우리가 지닌 바 고유한 힘과 신께서 베풀어 주신 모든 힘을 다 해서 싸우는 일이며 인류가 저지른 죄의 목록에 있어 여태까지 그 유례를 보지 못할 만큼 무자비한 독재자에 대항해서 싸우는 일입니다. 이것이 우리의 계획이며 정책입니다.

우리의 목적이 무엇이냐고 여러분은 물을 것입니다. 나는 한 마디로 대답하겠습니다. 다름이 아니라 승리입니다. 온갖 희생을 무릅쓴 승리, 온갖 무서움을 이겨낸 승리, 길고 험한 길을 거쳐서 얻어지는 승리입니다. 왜냐하면 승리가 아니고서는 평화를 누릴 길이 없기 때문입니다. 이점을 여러분은 충분히 이해해 주시기 바랍니다. 승리가 없이는 영국의 모든 신념은 존속할 수가 없는 것입니다."

이것이 그의 유명한 연설문이다.

늙고 병든 영국은 막상 강적 히틀러와 전쟁을 하면서

100전 100패 했다. 준비가 전혀 되어 있지 않았기 때문이었다. 그러나 위대한 지도자 처칠은 승리하는 비결을 알고 있었다. 세계에 전혀 알려지지 않았던 신흥 초강대국 미국이 있었다. 처칠은 미국의 루즈벨트 대통령과 손을 잡았다. 미국의 무기와 탄약, 군수물자가 영국에 주어지도록 외교전쟁을 했다. 영국은 강인한 정신력으로 유럽전선에 나섰다. 또 프랑스 드골장군과 손을 잡았다. 영국군은 갑자기 강군이 됐다. 몽고메리 장군은 롬멜을 제압했다. 제2차 세계대전의 하이라이트 노르망디 상륙작전에서는 몽고메리장군이 이끄는 영국군이 서부전선을 맡아 승리의 주역이 됐다. 제2차 세계대전에서 영국은 당당한 승전국이 됐다. 영국의 국력은 허약했지만 지도자 처칠은 강인한 의지와 현명한 지혜의 소유자였다. 그가 저술한 「나의 회고록」은 노벨 문학상을 수상했다.

국가가 위기에 처해 있을 때 위대한 지도자는 나라를 위기에서 구해 낸다. 이러한 의미에서 온 국민이 하늘을 향하여 두 손 들어 간곡하게 기원해야 할 때가 됐다.

"위대한 지도자를 우리에게 주옵소서!"

4. 지도자의 조건

미국의 힘은 웨스트포인트 육군사관학교에서 나온다.

제2차 세계대전을 승리로 이끌었던 쟁쟁한 영웅들이 모두 이곳 출신이다. 맥아더, 마샬, 윌리암 리히, 패튼, 아이젠하워, 브레들이, 웨드마이어 등 이름만 들어도 고개가 끄덕여지는 장군들이 모두 다 그곳 출신들이다.

동서냉전의 시대 한국전쟁에서 피를 흘리면서 공산군을 물리쳤던 영웅들 역시 모두 이곳 출신들이다.

알몬드, 벤프리트, 워커, 스미스, 딘, 게이, 멜로이, 아이레스, 바스, 붕챔프, 체크, 처치 등 무수한 용장들이 모두 그곳 출신이었다.

월남전쟁, 아프카니스탄전, 이라크전, 쿠웨이트전 등 크고 작은 전투에서 미국의 국가명예를 수호해낸 영웅들 역시 상당 수 모두 그곳에서 배출해 낸 인물들이다. 100년의 역사와 전통을 가진 웨스트포인트 사관학교 교정에 두 사람의 동상이 서 있다.

　한 사람은 맥아더 원수이고 또 한 사람은 패튼 소장이다. 무수한 장군들 가운데 왜 하필이면 두 사람의 동상이 서서 무수하게 배출되고 있는 장교들에게 무언의 가르침을 베풀고 있을까?

　제2차 세계대전중에 전투가 개시되어 적과 아군 사이에 탄알과 포탄이 오고 간다. 하늘에서는 전투기와 폭격기가 기관총탄을 퍼붓고 폭탄을 투하한다. 귓가에 총탄이 날아가 소리가 피잉 피잉 들려온다.

　위기 상황이다.

　그 무수한 총탄 가운데 한 발만 맞아도 저 세상 사람이 된다. 누구나 고개를 숙이고 허리를 굽히는 것이 본능이다. 위험에 처하면 엎드리는 것이 조건반사 행동이다. 그러나 유별나게 고개를 반듯하게 들고 허리를 꼿꼿하게 펴고서 지휘봉을 휘두르는 장군이 있다.

바로 맥아더와 패튼이다.

예하 부하들은 그 모습에 감동하게 되고 모두가 그의 지휘에 따른다. 사기가 높아지고 용맹스럽게 전투에 임한다.토치카나 토굴속 참호에서 명령하는 장군과는 차별화가 된다.

1950년 6월25일.

북한군 30만 명이 1300대의 소련제 TS-10 전차를 앞세우고 38선을 넘어 남침을 했다. 3일 만에 수도 서울이 함락되고 한강교는 한국군 공병대에 의한 폭파됐다.

한강을 사이에 두고 대치하게 됐다.

도쿄에 주둔중에 있던 맥아더 원수가 전용기를 타고 수원에 내렸다. 곧바로 흑석동 한강변에 도착했다. 망원경으로 적진 동향을 직접 관찰 했다. 이때 적탄이 비오듯 쏟아졌다. 수행하던 장교들이 모두 언덕을 향해 머리를 쳐박았다. 그러나 맥아더 원수는 고개를 빳빳이 세우고 적진을 살펴보면서 단 한방으로 전부를 소탕해 버리는 전략 「햄머 엔드 웻쥐」를 떠올렸다. 즉 인천상륙으로 적의 후방에서 햄머질을 하는 전설에 나오는 시나리오였다.

"그리스 신화를 한국에서 현실화시켜보는 거야 하하하……."

맥아더 원수는 크게 웃어 댔다. 그의 구상은 적중했다. 북한군은 30만 명 대군을 맥아더 원수의「햄머 엔드 웻쥐」전략으로 완전 괴멸되고 말았다.

그의 전략은 전쟁기술이 아니라 전설이요 예술이었다. 그가 웨스트 포인트 육군사관학교 생도시절에 기록했던 성적 점수가 100년이 지난 지금까지 최고라니 그의 천재성은 알만한 일이다.

패튼은 전설적인 사하라 전차군단이었던 롬멜의 전차군단을 궤멸시켰던 맹장이었다. 세계 역사상 최초로 구사했던 롬멜의 전격전(Blitze krieg)은 획기적인 것이었다.

"가슴팍까지 접근하라. 그리고 전차포를 쏘아라!"

프랑스가 30여년 공사를 해서 요세라고 믿고 있었던 마지노 방어선을 롬멜은 전격전으로 돌파했다. 마지노선에서는 엘리베이터가 포탄을 운반하고 콘크리트벽이 전차포를 견뎌낼 만큼 튼튼했다. 엘리베이터와 에스컬레터가 설치되어 있었다. 그리고 마지노선 전면에는 100킬로가 넘는 늪지대가 있어서 천연요세이기도 했다. 이곳을 수비하는 수비대는 10개사단 병력이었고 프랑스에서 자랑하는 정예 사단이 배치되어 있었다.

손자병법에 달통했던 롬멜은 허허실실(虛虛實實)전법을 구사했다. 프랑스군은 100킬로의 늪지대에 대해서는 경계를 하지 않았다.

"100킬로 늪지대는 신출귀몰하는 롬멜이라 하더라도 통과할 수 없을꺼야."

방심하고 있었다. 허점이었다. 이 허점을 파고 들었던 롬멜은 프랑스 마지노선 바로 앞까지 접근해서 포격을 가했다. 시속 80킬로 속력으로 달리면서 포격했다. 프랑스 수비대는 총 한번 쏘아보지도 못하고 허둥지둥 산산 조각이 나버렸다.

이때부터 롬멜 전차대 엔진 소리만 들어도 총을 버리고 도망처 버렸다. 심지어 롬멜 전차대 깃발이 나부끼면 무조건 도망쳤다.

바로 신출귀몰하는 롬멜 전차대를 단 한 차례 전투에서

궤멸시켜 버린 미국군의 사단장이 바로 패튼 소장이었다.

노르망디 상륙작전에 성공했던 연합군은 히틀러의 엉뚱한 반격작전으로 독일군에 의해서 포위를 당했다. 이때 패튼은 적군의 심장부를 향해 전력질주, 돌파를 했다. 혼비백산 했던 독일의 반격은 오히려 대패를 자초하고 말았다. 패튼의 한 방으로 전쟁을 역전시켜버린 것이다.

제2차 세계대전 당시 육군 원수는 여러 명이었다. 마샬, 아이젠하워, 맥아더등 쟁쟁했던 맹장들이 서로 전공을 세우고자 전력투구 했다. 그러다보니 기상천외의 천재성이 톡톡 튀는 전략과 전술이 속출했다.

「개구리 작전」

태평양연안에 그림처럼 펼쳐져 있는 섬들을 모두 일본군이 선점해 군사기지를 구축해 놓았었다. 이들 섬을 하나씩 점령하자면 엄청난 인명손실이 있어야 했다. 앗츠섬과 과달카날섬에서 일본군은 옥쇄작전으로 대응했다. 일본인들의 야만성이 드러난 전투였다. 마지막 한 사람까지 모두 전사할것을 각오하고서 싸우는 것이다. 기관총 손잡이에 손을 묶고 발과 다리는 기둥에 붙잡아 메어 놓았다.

목숨이 붙어 있는한 기관총을 발사하라는 것이다.

얼마나 야만적인 전투인가.

미군 병사들의 희생이 커졌다. 속도전과 미군 병사 희생을 줄이기 위해 섬을 공격하지 않고 그냥 지나쳐 버리는 작전이었다. 자연히 고립이 되어 군수지원이 중단된다. 군수지원이 중단되면 전투력이 상실된다.

과달카날섬을 점령한 다음 인근에 위치해 있는 뉴조지아섬은 그냥 지나쳐 버리고 그 다음에 위치해 있는 뷰겐빌섬을 상륙작전한다. 그 다음에 있는 뉴브리튼섬은 바이패스하고 다음에 있는 라바울섬을 공략한다. 이렇게 되자 일본군의 전선은 대혼란이 일어났고 일본본토 상륙이 쉽게 됐다.

참으로 대단한 작전이면서 전략이었다. 노르망디 상륙작전의 총지휘는 역시 웨스트포인트 육군사관학교 출신 아이젠하워 원수였다. 인류역사상 최대병력을 지휘했던 장군이었다. 총병력 280만 명, 항공모함, 전투함, 상륙용 주정 등 3000척, 폭격기와 전투기 등 항공기 1만 2000대, 박격포와 함포 등 5만여 문 등 지상최대 작전의 총사령관

아이젠하워 원수는 미국, 영국, 프랑스 등 26개국 병사를 총지휘했다.

전쟁사상 초유의 대작전을 성공시켜냈다. 대단한 위업을 성취했다.

마샬 원수는 육군참모총장으로서 개성이 각기 다른 장군들 사이에서 각자의 실력을 최대한 발휘할 수 있도록 지휘를 했다. 루즈벨트 대통령의 손과 발, 그리고 머리가 되어 주었다. 제2차 대전의 승리는 마샬의 작품이었다고 해도 지나친 말이 아니었다.

이 처럼 대단했던 원수급 장군들을 제끼고 육군 소장에 불과했던 패튼의 동상이 웨스트 포인트 육군사관학교에 세워져 있을까?

패튼 소장은 미국인의 자존심과 명예를 명확하게 충족시켜주었던 리더십을 가졌던 장군이었다. 국가가 위기에 처했을때 자기의 목숨을 아끼지 않고 몸을 던지는 용맹성은 패튼을 따를 사람이 없었다.

한국인이 성웅 이순신 장군을 역사상 가장 위대한 장군으로 존경하는 이유를 보면 이해가 되는 일이다.

국가가 위기에 처해 있을 때 국가의 부름에 주저없이 응했다. 파쟁과 모함으로 영어의 몸이 됐고 다시 국가가 위기에 처하자 백의종군하여 장렬하게 전사했던 애국심이 있었기에 두고두고 국민의 존경을 받고 있는 것이다. 이러한 점에서 미국이나 한국의 영웅관은 대동소이한 것이다.

　일본이 지난 10년을 잃어버린 10년으로 계산하고 있다. 그러나 한국은 지난 10년 나라가 뿌리부터 썩어 사실상 나라가 망할 위기의 10년이라 해도 지나친 말이 아니다.

　잘못 선택된 지도자로 해서 나라가 망해 버렸던 것은 제2차 세계대전이 발발 했을 때 영국을 보면 지도자가 어떤 존재인가를 실감할 수 있을 것이다. 마치 이스라엘 민족이 이집트를 탈출해서 광야로 몰려들어 가슴을 치며 「위대한 지도자」를 기원해야 할 때가 됐다.

　그럼 어떤 인물이 위대한 지도자라 할것인가?

　모세와 같고 이순신과 같은 지도자라야 한다.
　첫째, 시대의 패러다임을 읽어낼 수 있는 능력있는 인

물이어야 한다.

둘째, 거짓말을 하지 않는 성품의 인물이어야 한다.

셋째, 매사에 앞장서는 인물이어야 한다.

넷째, 운명을 개척해 나아가는 인물이어야 한다.

다섯째, 미래를 읽어낼 수 있는 인물이어야 한다.

여섯째, 작은 나라이지만 강한 국가를 만들어내는 인물이어야 한다.

일곱째, 용기, 희망, 용서할 줄 아는 인물이어야 한다.

여덟 번째, 난관돌파 능력있는 인물이어야 한다.

아홉 번째, 국민을 사랑할 줄 알아야 한다.

열 번째, 영혼이 밝은 인물이어야 한다.

열한번째, 하늘을 두려워할 줄 아는 인물이어야 한다.

이러한 인물이라면 성웅 이순신 같고, 영웅 박정희 같고, 성인 세종대왕 같은 인물임이 틀림없다. 난마처럼 헝클어져 있고, 나라가 뿌리부터 흔들려 있다. 아마 국민들도 술에 취했던, 감언이설에 홀렸던, 무엇인가 잘못되어 가고 있다는 자각은 하고 있는 듯하다.

그 증거로 노무현 대통령과 집권 여당에 대한 지지도가 바닥권이다. 두 차례에 걸친 보궐선거에서 27대 0이라는 전패를 시켰다. 그런가하면 5.31지방자치제 선거에서 집권 여당이 대참패를 했다. 역사상 전무후무한 참패를 했다. 갖가지 잔꾀와 권모술수, 감언이설, 정부 홀림수 정책으로 국민정신을 혼란케 해도 백약이 무효험으로 국민의 마음은 움직이지 않고 있다.

그것이 감동스러워 감히 이 책을 쓰고 있다. 이미 선인 (先人)들은 오늘의 우리를 알고 있었다.

남사고 선생의 격암유록, 원효대사의 원효결서, 도선국사의 정감록을 보면 난세에 영웅을 보내준다고 했다. 고구려 안시성에 당나라, 수나라 대군 30만 명이 몰려 왔을 때 을지문덕과 연개소문, 양만춘 등 영웅을 보내 나라를 온존 시켰다. 임진왜란때 왜군 30만 명이 온 강토를 초토화시켰다. 이순신, 사명대사, 권율 등과 같은 영웅들이 나라를 지켜내게 했다.

6. 25 한국전쟁때 소련의 스탈린이 무기를 공여하고 중국의 모택동이 100만 대군을 보내 대전쟁을 일으켰다. 맥

아더, 벤프리트, 워커, 알몬드 등 전쟁영웅들을 보내 나라를 지키도록 만들어 주었다.

그럼 오늘의 위기에는 누구를 보내 나라를 구출해낼 수 있을 것인가?

분명히 진인(眞人)이 있다. 그는 온국민이 뜨거운 열정으로 맞아들일 것이고, 앞에서 예시한 열한가지 지도자의 조건을 골고루 갖추고서 나타나게 될 것이다.

이스라엘 유태민족앞에 현명한 지도자 모세가 나타났듯이 우리에게 나타나게 될 것이다.

5. 시대의 패러다임을 아는 인물

세계 7대 경제대국으로 꼽히고 있는 독일이 경기침체로 고통을 받게 됐다.

경제 성장률이 마이너스로 뒷걸음질이고 실업율이 10%에 이르러 거리에는 실업자로 득실거렸다. 공장은 문을 닫고 상점마다 상품이 쌓여 골칫거리가 되고 있다. 대학을 졸업해도 취업이 되지 않아 공원마다 젊은이들이 널부러져 있다.

라인강의 기적을 성취한 나라, 역동성이 세계제일의 나라, 근면성으로 세계의 모범을 보여주었던 나라가 독일이었다.

동독과 서독 통일로해서 통일비용을 과다하게 지출해서 성장잠재력이 문제가 되고 있다는 분석이 나오고 있다. 그런 데다가 게하르트 슈뢰더 전수상이 복지정책으로 급전환했다.

 시대의 패러다임을 잘못 읽어낸 것이다. 유럽의 좌파주의자들의 공통점이다. 이미 시대는 좌파이념주의를 넘어섰다. 세계화는 좌파이념주의를 존립할 공간을 허용하지 않고 있다. 세계 제일의 상품만이 살아남고 있다. 2등은 훌륭하지만 설땅이 없다. 이렇게 무한경쟁의 상황에서 복지정책이라며 국가자원을 나눠먹기에 나섰으니 무한경쟁에서 뒤쳐질 수밖에 없게 됐다. 경기후퇴는 당연했고, 경기후퇴는 실업자를 배출해 냈다.

 "배고파 못살겠다!"

 선진 7개국의 중심에 있던 독일이 무너지는 소리가 들려 왔다. 그러나 독일 국민은 현명했다. 메르켈 여성 수상을 선택했다. 좌파시대가 종지부를 찍고 우파시대가 문을 열었다.

 메르켈은 수상취임과 동시에 작은 정부를 선언했다. 시

대의 패러다임을 읽어낸 것이다. 당장 경기가 빨간 불빛에서 파란 불빛으로 바뀌었다.

그리고 유럽연합이 좌초돼 있던 것을 앞장서서 풀어냈다. 유럽연합의 예산안을 통과시켜 냈다. 독일은 2006년 월드컵 특수를 기대하면서 경기가 뜨거워져 가고 있다.

좌파 슈뢰더 수상에서 우파 메르켈 수상으로 전환이 대단한 변화를 몰고 오고 있다.

왜 독일의 경기가 뜨거워지고 있는 것일까?

좌파 슈뢰더가 시대의 패러다임을 착각했던 것이 결정적인 실수였다. 그는 전격적으로 정계를 은퇴하고 해외로 떠나 은둔생활을 하고 있다.

독일 국민의 현명한 선택이 독일의 변화를 가져 왔다. 참으로 부럽고 박수를 보내고 싶다. 슈뢰더 좌파 정부를 계속 선택했더라면 독일이 남미의 아르헨티나, 브라질, 베네주엘라 처럼 몰락의 늪에 빠져 버렸을 것이다.

IMF관리체제속에서 연일 은행 점포마다 달러환전을 위해 줄을 서서 기다리고 있는 아르헨티나.

1950년대, 1인당 국민소득 5000달러의 부국이었다. 토질이 비옥하여 농산물이 넘쳐나고, 3면이 바다로 둘러 싸여 있고 그 바다에서는 어족이 풍부했다. 또 지하자원이 풍성해서 광물자원의 보고였다. 달러가 넘쳐나는 부국일 수 밖에 없는 전형적인 남미의 부국이었다.

살기 좋은 나라, 탱고춤으로 밤을 지세우는 나라, 지상 천국이라며 돈을 물쓰듯 했던 나라가 어찌하여 달러부족으로 10년 넘게 IMF관리체제에 있게 됐을까?

페론 대통령이 집권하면서 밤낮없이 선심정책을 남발해 댔다.

세금을 감면하기 시작하더니 급기야 세금 제로(ZERO)를 선언했다. 요람에서 무덤까지 세금없는 지상낙원 국가라며 열을 올렸다. 그런가하면 후생복지 모범국을 건설하겠다면서 국영 탁아소와 양로원을 전국 방방곡곡에 설치했다. 그러가하면 세계 최초로 주5일제 근로제를 도입했다. 국가 돈을 자기 호주머니 돈으로 착각하고 펑펑 물쓰듯했으니 국가부채가 늘어날 수 밖에 없다.

이솝우화가 전해주는 지혜가 뼈아프게 느껴진다.

개구리가 자기 배꼽을 자랑했다. 자기 배꼽에 바람을

넣으면 남산만해진다는 것이다. 옆에 있던 개구리가 부추겼다. 정말 그렇게 커질 수 있느냐는 것이었다. 신바람이 났던 개구리는 자랑했다.

"얼마든지 커질 수 있어."

"그럼 한 번 보자꾸나."

이렇게 해서 시작된 배꼽에 바람 넣기가 시작됐다. 한 차례, 두 차례 바람 넣기를 하다가 결국 펑 터져 버렸다. 배꼽 자랑하던 개구리는 죽어버렸다.

이솝우화처럼 국가부채는 무한정이지 못한다. 300억 달러가 넘어서게 되면 국가부채의 이자가 연간 100억 달러가 추가된다. 금세 500억 달러가 되고, 500억 달러가 넘어서면 차입이 불가능하게 된다.

국가신용도가 하락해 버리기 때문이다. 아르헨티나의 대중영합주의(포퓰리즘)를 추구하던 페론 대통령은 집권 9년만에 사망했다. 그의 달콤했던 대중영합주의(포퓰리즘)에 취해 있던 국민들은 그의 부인 페론 메리를 후임으로 선출했다.

그녀는 남편 보다 한 술 더 떴다.

자기를 모델로 해서 제작한 오페라를 전국 영화관에서 24시간 상연했다. 온백성이 탱고와 오페라에 취해 버렸다. 결국 국가 부채는 이솝우화의 개구리 배꼽 터지듯 폭발해 버렸다.

　이제는 세계 빈곤국 그룹에 끼여 해외 탈출자가 급증하고 있다. 대학을 졸업해도 일자리가 없어 불법 이민과 해외취업자가 줄을 잇고 있다. 대학교수가 밤이 되면 호텔 페이지 보이 노릇을 하고, 치과의사가 관광안내원이 된다. 은행 지점장은 택시 운전기사를 해야 자녀를 학교에 보낼 수 있다.

　이러한 비극은 왜 발생했던가?

　아르헨티나 국민들이 나라의 패러다임을 읽어내지 못하는 지도자 패론을 선택해서 발생한 비극이었다. 어느 나라이건 그 나라에 흐르고 있는 국민 정서가 있다. 그 정서는 노동의욕에 넘치도록 이끌어야 한다. 이스라엘 민족 유대인은 세계 어느 곳에든지 최고위 직책에 있다. 노벨상을 수상한 과학자들의 55%를 차지하고, CEO의 30%를 차지하고 있다.

왜 유대인은 이렇게 성공적인 삶을 살고 있을까?

「탈무드」 말씀을 존중하며 지켜 가는 전통이 있기 때문이다. 20권 250만 단어로 되어 있는 잠언서(箴言書)는 처음부터 끝까지 근로의욕을 북돋우는 말씀이다. 누가 보던 보고 있지 않던지간에 열심히 땀 흘려 일하게 되면 반드시 천국에 갈 수 있다는 확신을 심어준 것이다. 사람은 누구나 천국에 가고자 한다. 천국에 가기 위해서는 땀 흘려 일해야 한다. 기독교가 지구의 운명을 바꾸어 놓았다. 과학문명을 획기적으로 발전을 시켰고 생산력을 몇 백배 높혀 놓았다. 교리의 중심은 근로의욕 고취에 있다.

평안남도 강서군 변두리 산골짜기에 윗마을과 아랫 마을이 있었다. 각각 50여 호 되는 작은 마을이었다. 생활여건은 아랫마을이 훨씬 살기에 편리했다. 마을에는 기독교가 전파되어 온 마을 사람들이 기독교 교인이 됐다. 그러나 아랫마을은 어찌된 일인지 배타적이어서 기독교가 전파되지 못했다.

20여년의 세월이 지난 다음, 두 마을은 전혀 다른 마을로 바뀌어졌다. 윗마을은 모두 부자가 됐고 자녀들이 학교 교육을 받아 검판사가 배출됐고 군수, 도백이 나왔다.

그러나 아랫마을은 술주정뱅이, 도박꾼 마약 중독자가 속출해서 폐가가 널브러졌다.

왜 이런 현상이 벌어지게 됐던가?

기독교 정신의 영향으로 근로의욕이 넘쳐 있었던 윗마을과 근로보다 유희작작했던 아랫마을이어서 다른 운명을 맞이했던 것이다.

주 5일제는 유희작작의 표상이다. 1주일에 하루 쉬는 것이 근로의욕을 저해하지 않고서 일하도록 만든다. 주 5일제는 근로의욕을 저상시켜 버리는 폐해가 넘쳐 난다. 금요일 오후부터 야외나 원거리 여행 준비로 근로의욕이 감소된다. 퇴근 준비를 오후 일과 시작 때부터 들뜨게 만든다. 그러다가 금요일 일과 종료와 함께 가족 또는 친지와 함께 놀이와 관광을 떠나게 된다. 이렇게 하여 토요일과 일요일을 보내고 월요일 새벽에 집으로 돌아온다. 월요일 출근과 동시에 일이 손에 잡히지 않는다.

월요병에 몸살을 앓게 된다.

사실상 화요일부터 정상적인 근로가 시작된다. 1주일이

반토막 난다. 여기에다 공휴일이 1년에 65일, 연휴가 7일이 주어진다. 사실상 근로의욕은 사라지고 놀자판에 익숙해 진다.

나라의 국민이 놀자판 문화에 친숙해지면 그 나라는 이미 아르헨티나화 되어 가고 있는 셈이다.

아르헨티나가 선진국에서 후진국으로 전락되어 버렸던 일이 결코 남의 나라 이야기가 아니다. 한국이 벌써 아르헨티나병에 걸려 있다. 북한군의 침략 보다 더 무서운 사태가 벌어지고 있는 셈이다.

국가대표 기업으로 꼽히고 있는 삼성전자와 현대자동차, 포스코, SK, LG, 등이 주요 공장을 해외로 이전시키고 있다.

극악스런 노동조합이 이빨을 드러내고 머리에 붉은 띠를 동여메고서 고함을 지르는 사이, 미련없이 굿바이 코리아행을 타고 있다.

수출호조, 상장기업 매출과 순이익이 최대를 기록하고 있는데 청년 실업자는 통계조작에도 불구하고 100만 명에 육박하고 있다. 대학을 졸업해도 반듯한 직장에 취업할 수 없어 백수건달이 되고 있다. 40대에 정년퇴직을 당해서 사오정이라는 말이 조어(造語)되고 있다.

중산층이 무너져 버렸다.

한국의 아르헨티나화는 눈에 보이고 있다. 그럼에도 어느 누구 한 사람 이것을 보고 있지 않다. 모두가 남의 집 불구경하듯 한다.

이것은 우리 자신의 문제다. 그리고 자손만대에 걸친 비극의 씨앗이다. 1905년 일본에 의해서 나라를 빼앗겼던 슬픈 역사를 가지고 있다. 나라를 빼앗기고서 청년은 일본군으로 징용을 가고, 탄광에 근로자가 되고 도로공사와 다리공사에 노무자로 차출되어 갔다. 처녀들은 일본군 위안부로 팔려 갔다.

우리 말, 우리 글, 우리 이름을 쓸 수 없었다. 우리 춤을 신명나게 추지 못했고, 우리 노래를 마음껏 부르지 못하게 됐다. 애써 농사를 지어 추수하면 모두 빼앗겼다.

한 마디로 노예생활을 했다. 그러나 아르헨티나화가 되면 그때의 그 노예생활은 아무 것도 아니다. 더 험한 생활을 해야 한다. 제일은행, 외환은행이 외국의 투기꾼에게

86

노략질 당하는 꼴을 보라. 훨씬 더 뼈아픈 고통이 자손만대에 걸쳐 미치게 될 것이다.

왜 이런 일이 벌어지게 됐을까?

100년전 이 땅의 열혈 논객 장지연의 통곡이 다시 반복되고 있다. 역사는 반복되는 속성을 지녔다.

「시일야방성대곡(時日也放聲大哭 어찌 이날을 통곡하지 않으리!)」

한성신보에 올렸던 통분의 사설이었다. 이 사설을 읽고서 국민들은 모두 길거리에 나와 무릎을 꿇고 땅을 치면서 대성통곡을 했다.

"전날 이토우 후작이 조선에 올때 어리석은 우리 백성은 서로 이토우 후작이야 말로 동양 3국의 안전을 꾀할 사람이라고 하였다. 그러나 그는 뜻밖에 5조약을 내 놓았다. 5조약은 조선을 망하게 할뿐만 아니라 이 때문에 동양 3국이 분열할 것이다.

아, 저 개 돼지 같은 우리 정부 대신들은 영화를 바라면서 매국노가 되었다. 3천리 강토와 2천만 동포는 노예가 되었구나

아, 분하다!

우리 2000만 동포가 죽느냐, 사느냐?

단군이래 4000년의 겨레가 하루 밤 사이에 멸망하였구나.

동포여! 어찌 우리 이 날을 땅을 쳐 울지 않고 보낼 것이냐!"

장지연의 울분이 100년후, 지금 우리가 느껴야 할 고통이 됐다. 김대중, 노무현 대통령의 포퓰리즘이 나라를 이 모양으로 만들어 놓고 말았다.

이 시대의 패러다임은 작은 정부, 시장주의 지향이다. 심지어 정부 서비스론이 학술적으로 검토되고 있다. 일본이 경제적 강대국이면서도 10년간에 걸친 장기 불황에 고통을 받았다. 정부가 경기부양을 위해 수 천조 원을 쏟아 붓었으나 실패했다.

역시 큰 정부 무용론이 대두됐다.

과감하게 우정체신사업을 민영화하면서 작은 정부를 지향했다. 그러자 경기가 살아나고 고용이 풀리기 시작했다. 시대의 패러다임을 읽어낸 결과다.

김대중 정부에 이어서 노무현 정부는 국가부채를 기하급수적으로 증대시키고 있다. 김영삼 정부 때 65조 원의 국가부채이던 것이 김대중 정부에서 148조 원으로 폭증시켰고, 노무현 정부 3년만에 284조원으로 이어졌다. 노무현 정부는 임기내에 300조 원을 훌쩍 넘길 전망이다.

왜 국가채무가 폭증하고 있는 것일까?

방만한 정부 살림살이가 주된 원인이다. 국회에서 청와대 가구와 비품 구입내역을 발표했다. 고급 가구들이 줄을 잇고 있었다.

박정희 대통령은 수세식 변소의 물을 아끼기 위해 저수통에 벽돌을 넣었다는 일화가 있었다. 이승만 대통령은 구멍 뚫어진 양말을 바늘로 깁어 신고 있었다.

국가 살림살이를 어떻게 해야 하는 것인지를 알려 주는 아름다운 전통이다. 이들 대통령 재직 때, 국가 채무가 거의 없었다는 사실에 눈길이 간다.

두 분은 시대의 패러다임을 정확하게 읽고 있었다는 사실에 주목이 된다. 따라서 국가를 올바르게 이끌어갈 지도자는 무엇 보다 시대의 패러다임을 읽어 낼 수 있어야 한다. 시대의 패러다임을 읽어내지 못하게 되면 그 자체가 국가와 국민에게 재앙이 된다. 김일성 부자의 자립갱생론이 시대의 패러다임과 배치되는 것이다. 북한이 세계 최빈국으로 전락하고만 것은 김일성 부자의 시대착오적인 고집 때문이었다.

6. 거짓말을 할줄 모르는 인물이어야 한다

　정치인은 거짓말을 잘 한다.

　국민을 속이는 거짓말은 얼마든지 해도 좋다는 의식이 보편화되어 있다. 후한시대 유명했던 정치인 양진은 거짓말을 가장 무서운 독약으로 치부했다. 지방 태수로 있을 때 청탁을 들어 주었던 일이 있었다. 그것이 고마워서 저녁 늦게 집으로 찾아 왔다.

　"오랜 만일세. 밤늦게 찾아와서 죄송하이."

　"괜찮네만, 무슨 일이 있으신가?"

　"그래 공사다망하게 지내신다는 소식은 듣고 있었지. 그래서 위로도 할겸. 신세도 갚을려고 찾아 왔네. 여기 나의 성의이고 적은 돈일세. 받아서 요긴하게 써주신다면 고맙겠네만."

"안되겠네. 난 그 돈을 받을 수 없겠네."

"자네와 나뿐인데 나의 성의를 받아 주시게나."

"뭐라고? 자네와 나 뿐이라고?"

"그래 그게 사실이지."

"하늘이 알고, 땅이 알고 나와 자네가 알고 있네. 어찌 자네와 나뿐이라고 생각하시는가?"

양진의 4지(四知)는 공직자의 금도(襟度)가 됐다. 거짓말이 사라지고 부정과 부패가 없어졌다. 특히 지도자의 거짓말은 국민의 운명과 나라의 앞날을 결정하게 된다.

히틀러와 공군사령관 겸 국가원수 괴링의 거짓말로 해서 소련 침공 독일군 200만 명을 죽음으로 몰아넣고 말았다.

참모총장 차이츨러 원수는 전략상 독일군의 후퇴가 불가피하다고 건의했다.

"군수물자 부족으로 매일 200만 대군이 고통을 받고 있습니다."

"뭐라고? 군수품 부족?"

"매일 300톤이 공급돼야 합니다. 그러나 현재는 170톤 정도일 뿐입니다."

"괴링 원수, 어떻게 하시겠소?"

"독일 공군은 소련 보다 월등합니다. 매일 300톤 공수가 가능합니다."

이것은 거짓말이었다. 이 거짓말로 해서 독일군 200만 명은 동사 30만명, 전사 7만명, 포로 50만 명, 생환 50만 명으로 재기불능의 참패를 당하고 말았다.

지도자의 거짓말은 항상 나라를 망하게 한다.

일본 도오조 히데끼 수상은 태평양 미드웨이 해전에서 대참패하여 재기불능의 상태가 됐다. 맥아더 사령관이 이끄는 부대는 개구리작전을 펼치면서 연일 일본 본토를 향해 총력질주를 했다.

동부전선 인팔라전투에서 일본 정예 군단이 궤멸됐다. 소련군의 참전이 촌각을 다투고 있었다.

"친애하는 일본국민 여러분께 전황을 알려 드리겠습니다. 천황혜하의 군대는 오늘도 연전연승을 하고 있습니다.

미군항공모함 1척, 전함 3척, 잠수함 5척을 격침시켰고 미연합군 1개 사단을 궤멸시켰습니다."

거짓 전황을 연일 보도했다. 이미 미국의 B29 폭격기가 도쿄와 주요 도시에 나타나 폭격을 하고 있는데 연일 승리하고 있다니 점차 불신이 커져 갔다.

더욱이 히로히도 천황이 전황의 불리한 상황을 눈치 채고 있었다. 그러다가 히로시마와 나까사끼에 원자폭탄이 떨어지면서 모든 거짓말이 들통 나고 말았다. 수상을 비롯한 군수뇌부에서 거짓말을 하지 않고 진실을 보도했더라면 원자폭탄 투하는 막을 수 있는 일이었다. 지도자의 거짓말이 원자폭탄 투하를 유도한 셈이다. 히로시마와 나가사끼는 30만 명 인명피해가 발생했다. 인류역사이래 처음으로 체험한 원자폭탄은 가공할만한 병기였다.

이처럼 무서운 원자폭탄이 지도자의 거짓말로 해서 투하된 것만은 틀림없는 사실이다.

정치 지도자에게 거짓말이 일체 허용되지 않는 나라가 있다. 바로 미국이다. 닉슨 대통령은 천신만고 끝에 대통령에 당선이 됐다.

그러나 워터게이트가 발생했다. 경쟁상대 후보자의 전화통화를 도청해서 선거법을 위반한 것이다. 문제는 닉슨 후보자가 모르고 있었는가 하는 문제였다.

"나는 도청사실을 모르고 있었습니다."

이렇게 문제는 종료되고 있었다. 그러나 칼 번스타인 기자와 밥 우드워드 기자에 의해서 진실을 밝혀냈다. 닉슨 대통령은 알고 있었다. 녹음테이프, 존딘 백악관 고문의 증언으로 닉슨 대통령이 거짓말했던 것으로 밝혀졌다.

즉시 닉슨 대통령은 사임했다.

거짓말을 했던 것이 밝혀졌기 때문이다. 단 한 마디의 거짓말로 역사상 처음으로 대통령직에서 물러나는 불명예를 안게 됐다.

한국은 대통령의 거짓말에 대해서 관대하다. 사실상 거짓말을 일상적으로 하고 있다.

"국민의 정부는 중앙정보부의 도청피해를 가장 심하게 받았습니다. 그 고통은 살을 찢고 뼈를 부러뜨리는 정도였습니다. 저는 이들을 용서하겠습니다. 이땅에서 도청과 같은 비열한 공작정치를 영구 퇴치시키겠습니다. 저의 임기중에는 전화도청은 결코 없을 것입니다."

김대중 대통령은 아주 결연한 의지를 발표했다. 그는 생명까지 위협을 받았다. 특히 공산주의 활동을 했었다는 의혹을 사고 있어서 유별나게 도청을 많이 받았었다. 그의 거짓말은 오래 가지 못했다.

그 어느 대통령 보다 철저하고 무자비하게 도청을 했음이 밝혀졌다. 나이로 봐서도 종심(從心)을 넘어 인생을 달관했을 시기에 이르렀다. 그럼에도 능청스럽게 거짓말을 했다.

이제 국민들은 그가 무슨 말을 해도 신뢰하지 않는다. 참으로 불행한 일이다.

"저는 가족들의 탈법행위는 수단과 방법을 가리지 않고 막아 내겠습니다. 제도적으로 청와대내에 친인척관리부서를 두어 한 치의 오차라도 발생하지 않도록 하겠습니다. 저를 믿어 주십시오."

그의 말은 모두 뻥이었다. 청와대에 친인척 관리를 위해서 경찰청으로부터 파견된 고위 경찰이 친인척 관리는 뒷짐이고 아들 3형제의 탈법을 보호하고 오히려 부추기는 역할을 했다. 그들 모두가 구속되거나 기소되어 3형제 모두 형사처벌되는 진기록을 세웠다.

1988년 대통령 선거 때 였다.

국민은 모두 3김씨가 손을 잡고서 군정종식을 염원했다. 김대중씨는 국민의 염원에 복종하는 척 했다. 그러나 막상 대통령 선거 입후보자 등록을 할때 3김씨 단합을 깨고서 평민당을 창당하여 국민의 염원을 저버렸다.

"제가 대통령 후보가 되지 않았더라면 나는 목포에서 맞아 죽었을 겁니다."

아마 이 말은 샛빨간 거짓말일 것이다. 온 국민이 염원하고 있는데 누가 그를 원망하겠는가.

분명하게도 노태우 후보는 1노 3김 선거체제가 돼야 대통령에 당선할 수 있다고 생각했을 것이다. 그러하기 위해서 은밀하게 뒷돈을 주었을 것이고 그 돈을 받아내기 위해 국민의 염원을 헌신짝 버리듯 했을 것이다.

북한을 방문하기로 약정된 날짜가 2000년 6월12일이었다. 그러나 어찌된 일인지 6월15일로 연기됐다.

"아마 김일성에 대해 인사하는 문제로 해서 다소 늦어

지는 모양입니다."

이것은 거짓말임이 뒤늦게 밝혀졌다. 박지원과 송호성 사이에 합의해서 밀약이 됐던 달러지급이 이행되지 않아서 북한이 날짜를 뒤로 미루었던 것이다.

그의 통치 5년 동안, 그가 했던 말은 모두 거짓말의 연속이었다. 심지어 김동길 교수는 이렇게 호소한다.

"죽기 전에 단 한번이라도 국민앞에 진실을 말해 주시오."

이쯤되면 그의 거짓말이 어느 정도인지 어림이 된다.

왜 한국인은 거짓말에 관대한가?

폐쇄된 사회구조에서 살아오다 보니 거짓말의 폐해에 대해 전혀 알지 못하고 있다. 또 일제 36년 동안, 늘상 거짓말속에서 속임을 당하며 살아 왔다. 거짓말에 대해서 익숙하고 죄악시까지는 하지 못하고 있다.

김대중 대통령의 후원으로 대통령에 당선된 노무현은 애시당초 거짓말과 꼼수로 재미를 톡톡히 보았다.

김대업을 통해 경쟁 상대였던 이회창 후보의 아들 병역 비리 의혹을 제기했고 설훈에 의해서 20만 달러 의혹을 제기했었다. 그런가하면 기양건설을 통한 10억 수수의혹을 제기하여 결정적인 이득을 보았다. 이들 의혹은 모두 거짓말이었다.

이렇게 국민의 눈속임과 비열한 거짓말로 탄생한 정부가 국민을 위해서 헌신하지 못하고 말썽만 일으키고 있는 것은 당연한 업보인 것이고 또 국민으로부터 외면당하는 것도 당연한 일이다.

대통령선거일을 열흘쯤 앞두고서 이회창 후보진영은 크게 술렁거렸다. 긴급한 정보가 입수됐다는 것이었다.

"노무현 후보의 사생활에 관한 정보입니다. 이것을 터뜨리면 이회창 후보의 당선은 틀림없는 일입니다."

"상무위원 여러분, 저는 입후보자로서 설령 당선되지 못하고 낙선이 되는 일이 있더라도 상대 후보의 사생활 문제를 제기하고 싶지 않습니다."

참석자 모두 이회창 후보의 인격에 고개를 숙였다. 그러나 노무현 측에서는 김대업을 부추겨 자꾸만 얼토당토않는 문제를 가지고 시비를 걸어 왔다.

만약 유권자들이 냉철했더라면 엉터리 선동꾼을 경계했

을 것이고 거짓말을 할줄 모르는 진실한 후보자를 대통령으로 선택했을 것이다.

박정희 대통령은 「민족중흥, 조국근대화」를 최고의 화두로 삼았다. 이를 위해서는 국민의 에너지를 내부에서 외부로 분출시켜야 했다.

무슨 방법이 없을까? 바로 이때 기회가 왔다. 서독 광부와 간호사 파견, 그리고 월남파병이었다. 지나온 역사속에서 외국으로부터 963회에 걸쳐 침략을 당해 왔다. 그러면서도 우리의 열정과 에너지를 해외에 발사시켜 보지 못했다. 이번에 국민의 에너지를 해외로 발산시켜내면 「민족중흥, 조극근대화」 에너지는 본격적으로 뿜어내게 된다.

그러나 국회에서 선동가 거짓말꾼들이 포문을 열었다. 그들의 말은 그럴듯하게 가슴에 와 닿았다.

"조국의 젊은이들을 미국의 용병으로 전쟁터에 보내 피를 팔자는 것입니까?

우리의 아들과 딸들을 지구 반대편 오지로 보내 노예를 시키자는 겁니까?

본의원은 목숨을 걸고 반대하는 바입니다."

바로 이때 유석 조병옥 박사의 장남 조윤형의원 혼자서 월남파병 찬성, 서독광부, 간호사 파견 찬성을 했다.

그는 소신있고 용기있는 국회의원이었다. 그의 헌신적인 돌파로 문제가 해결됐다.

박정희와 조윤형, 두 사람은 서독방문 비행기 안에서 만났다. 그리고 서독 방문일정이 시작되기 전날 밤, 서로 손을 잡고 술잔을 기울였다.

"감사합니다. 저는 야당에서 찬성이 있으리라 전혀 예상하지 못했습니다."

"제가 할 일이었고 그리고 해야 할 일을 했을 뿐입니다."

"이제 한국의 역사가 달라졌습니다. 한국인의 지혜와 능력을 해외에서 발휘할 수 있는 기회가 됐습니다. 제가 추구하고 있는 민족중흥과 조국근대화가 시동이 걸린 것입니다. 아, 어찌 오늘이 즐겁지 않겠습니까."

두 사나이의 진실이 폭포수 처럼 분출되고 있었다. 역사상 일찍이 체험해 보지 못했던 대변화가 일어나고 있었다.

그러니까 조국의 젊은이들을 미국의 용병으로 전쟁터에 보낸다는 주장과 우리의 아들과 딸을 노예로 지구 반대편에 보낸다는 말은 모두 거짓말이었다. 민족중흥과 조국근대화의 첨병이었던 것이다.

이 처럼, 거짓말을 했던 사람이 지도자가 되어 나라를 위태롭게 만드는 것은 하나의 필연이라 보면 틀림이 없다. 따라서 지도자는 거짓말을 할 줄 모르는 사람이어야 한다.

7. 매사에 앞장서는 인물

전투에서 승리하는 장군은 항상 맨앞에서 진두지휘한다.

6.25 한국전쟁에서 백전백승의 신화를 남겼던 용장이 두 사람 있었다.

백선엽 장군과 김종오 장군이었다. 박정희 대통령은 항상 두 사람에 대해 존경하고 두 사람에 대해 구체적으로 전투비결에 대해 연구를 했다.

김종오 장군은 백선엽 장군처럼 사관학교 출신이 아니었다. 학도병 출신으로 일본군 소위였었다. 8. 15해방때 귀국하여 군사영어학교를 졸업하고 6.25한국전쟁에 참여

했다. 전쟁중 6사단장, 9사단장, 3사단장, 다시 9사단장 등 최일선 사단장으로 용전분투했다.

그는 전쟁터에서 항상 맨앞에서 직접 진두지휘했다. 북한군과 맞부딪쳐 백명전을 할때 항상 맨앞에서 가냘프고 작은 체구의 김종오장군이 총과 칼을 휘둘러 댔다. 30세 청년장군은 전투를 즐기고 있었다. 참으로 특이한 인물이었다. 한국의 패튼 장군이었다.

미국군은 항상 전쟁의 중심에 있었다.

양편에 한국군을 배치했다. 전투가 시작되면 얼마 안되어 밀려 났다. 항상 중앙의 미군이 돌출되고 포위되는 것이었다. 그러나 김종오 사단은 용맹스럽게 북한군의 공격을 막아 냈다. 미군은 김종오 사단에 대해 깊은 신뢰감을 가지고 있었다. 그래서 재편되는 사단의 사단장으로 김종오 장군을 배치했다.

박정희 대령은 김종오 장군의 선전비결을 연구했다. 철저하게 항상 맨앞에서 전투지휘를 하고 있었다. 마음속으로 존경했다.

5.16군사혁명이 성공했다.

육군참모총장으로 송요찬 장군이 있었다. 그러나 혁명
주체와 권력다툼을 벌렸다. 있을 수 없는 반혁명이었다.
박정희 최고회의 부의장은 송요찬 장군을 예편시키고 그
자리에 김종오 장군을 보직 시켰다.

그러자 혁명주체 가운데 1등 공신 문재준 헌병 사령관
이 반발했다. 그는 6군단 포병대장으로 중령 계급장을 달
고서 혁명에 가담했다. 그는 용맹스러웠다. 수색 30사단이
혁명에 늦게 참여하면서 위기에 봉착했다. 그러나 문재준
중령이 이끄는 포병대대가 육군본부를 접수하고 포를 배
치하는 바람에 군사혁명이 성공할 수 있었다. 그는 곧바
로 육군 준장으로 승진, 헌병사령관이 됐다. 매사 군이 통
치하고 있는 체제에서 권력의 중심은 헌병 사령관에게 있
었다.

"각하, 왜 김종오 장군이 참모총장입니까?"

"왜 잘못된 일이라도 있는가?"

"있고 말고지요. 부정축재에다가 여자관계가 있습니다.
무능하고 파렴치 합니다. 우리 위대한 혁명군과는 다릅니
다. 또 혁명에 가담하지도 않았습니다. 그래서 부적격입니

다.”

“당신의 생각이 옳지 않소. 김종오 장군은 그런 분이 아니오. 다시 알아 보시오.”

“안됩니다. 이런 자를 참모총장시키려고 목숨 걸어 혁명 했습니까?”

“야, 이놈아, 혁명 너 혼자했냐?”

두 사람은 격돌했고, 문재준 장군은 혁명주체 대열에서 떠나갔다.

박정희는 인물을 정확하게 파악하고 있었다. 100년에 한 사람 나오게 될까 말까한 인물 김종오 장군을 전쟁터에서 직접 목격했던 것이다. 대한민국이 북한군에 의해 무너지지 않고 살아남아 있는 것은 국민이 모르고 있는 전쟁 영웅 때문이었다.

김종오 장군이 왜 전쟁영웅인가?

사단장으로서 맨 앞장섰던 사람이었다. 그래서 그는 영웅이 됐다.

지도자는 위험할 때 맨 앞장서는 사람이다.

왜 나폴레옹이 전설적인 맹장이며 지장이었던가?

그의 면모를 확실하게 보여주는 전투가 있다. 바로 와그람 전투다.

1809년 7월.

오스트리아 찰스대공의 군대와 비엔나 근교 와그람에서 프랑스 나폴레옹 군대와 맞서 있었다. 나폴레옹은 스페인의 반도전쟁으로 고전하고 있었다.

"나폴레옹은 결코 두 개의 전쟁을 수행할 수 없을 것이야."

찰스 대공은 전략가였다. 그래서 대군을 이끌고서 자신만만하게 대치하고 있었다. 그러나 나폴레옹은 이것이 최대의 기회로 삼고 있었다. 오스트리아의 수도 비엔나가 가까이 있었다. 문제는 와그람 다리를 돌파해야 했다. 장기간 대치하면 절대적으로 불리했다.

바로 이때였다.,

다리를 향해 백마를 탄 용사가 총알처럼 달려가고 있었다. 그 뒤를 따라 프랑스 군대가 벌떼처럼 공격해 왔다. 마치 구름이 하늘에서 내려와 깔리는 그런 모습이었다. 우두커니 넋을 놓고 있던 오스트리아군은 순식간에 돌파

되고 말았다. 장기간 두 개의 전쟁으로 해서 고전했던 나폴레옹 군은 와그람 전투로해서 전세를 역전시켜 버렸다.

백마를 타고 달려 갔던 주인공은 누구이었을까?

바로 5척 단신의 나폴레옹이었다. 그는 키가 너무 작아서 이를 커버하기 위해 항상 말을 타고 있었다.

전투 때 마다 나폴레옹이 백전백승했던 것은 앞장서서 싸웠던데 그 비결이 있었다. 최고 사령관이 앞장서서 싸우는 판에 꽁무니를 빼는 병사가 있을 수 없는 법이다.

제2차 세계대전 중, 미국, 소련, 독일, 중국에 비해 영국은 작은 나라였다. 그러나 연합군의 주축국으로서 항상 연합군을 이끌어 갔다.

무엇이 영국으로 하여금 그러한 괴력을 발휘하게 했을까?

영국군은 용맹스러웠다. 용장 몽고메리장군은 미국의 맹장 패튼 장군과 독일 점령 전투에서 항상 앞장 다투었다. 영국이 그렇게 할 수 있었던 것은 이튼 초등학교 출신들의 희생이었다. 영국 귀족 자녀들의 학교였던 이튼 스쿨 졸업생 90%가 전사했다. 영국병사 전사율이 15%였는데 이튼스쿨 출신이 90% 사망했었으니 전투 때 마다 항상 앞장서서 싸웠던 것이다.

노르망디 상륙작전 성공으로 기세가 올라 있던 연합군을 향해 히틀러는 기상천외의 작전을 개시했다. 예비 병력과 남부전선에서 10개 사단을 빼내 동부전선을 기습공격 했다. 전쟁에서는 항상 의외성이 존재하지만 그것은 연합군에서 전혀 예상하지 못했던 것이다. 당황했던 연합군은 후퇴하지 않을 수 없었다. 그리고 5개 사단이 포위되었다. 또 폭설이 내리는 바람에 공군의 지원을 받지 못했다. 수송기로 군수물자를 공중투하 하면 대부분 독일군 진영으로 낙하했다. 독일군의 동계공세는 무서운 위력을 발휘하고 있었다.

이러한 위기에서 영국군 몽고메리 장군은 선두 경쟁을 멈출 수밖에 없었다. 그러나 패튼 장군은 기회로 생각했다.

"나를 따르라!"

전략 요충지 에비뉴를 향해 짚차에 기관총을 장치하고서 돌진해 들어갔다. 아침 식사를 하고 있던 독일군 병사들은 미국 수송기가 미군으로 착각하고서 낙하해준 C레이션으로 허기를 채우면서 오랜만에 배불리 먹고 있었다.

바로 이때 불쑥 나타난 패튼 장군의 기관총 공격으로 풍비박산 했다. 너도나도 두 손 들고 투항했다. 이것이 계기가 되어 포위됐던 미군이 공격에 나섰다. 독일군은 어디가 주전장인지 모르고 허둥대다가 모두 포로가 되고 말았다. 이 소식을 보고받은 몽고메리 장군은 고개를 설레설레 흔들었다.

"역시 패튼이었어. 그의 저돌성과 용맹성은 어느 누구도 비교가 되지 않아요."

제2차 세계대전이 발발하면서부터 경쟁을 벌였던 몽고메리와 패튼은 에비뉴 전투에서 종지부를 찍었다. 에비뉴 전투에서 대패했던 독일군은 곧바로 히틀러가 머물러 있던 베르린을 향해 후퇴했다.

히틀러는 1945년 4월29일 연인이었던 에바 브라운과 베를린의 지하 벙커에서 결혼식을 올렸다. 그리고 4월31일 오후 4시29분 입안에 권총을 물고서 발사했다. 뒤를 이어 에바 브라운도 극약 봉지를 입안에다 털어 넣고서 최후를 맞았다. 이들은 결혼식을 마치고서 알프스 별장으로 신혼여행을 떠날 참이었다. 그러나 베르린은 연합군이 봉쇄를 하고 있었다.

성웅 이순신이 강력했던 일본해군과의 전투에서 23전 23승을 했던 비결 역시 병사들과 함께 맨 앞에서 칼을 휘두르면서 진두지휘를 했다. 적장이 기함을 타고서 맨 후미에서 지휘하고 있었던 것과 좋은 대비가 되는 모습이다.맨 앞장에서 지휘하는 장수의 군대와 맨뒤에서 있는 장수의 부대와는 전력과 사기에서 천지차이가 난다. 여러 전략전술에서 이순신이 뛰어 났었지만 맨앞에서 죽음을 무릅쓰고 진두지휘했던 것은 명확히 구분이 되는 장면이다.

세계 역사상 가장 위대했던 장군이요. 정치지도자였던 드골은 매사에 솔선수범하고 앞장섰던 것으로 잘 알려져 있다.

영국 망명중에 레지스탕스를 지원하기 위해 알제리를 극비 방문했다. 그때에 민병대 지휘관들과 회담하면서 알제리 독립을 약속했었다.

연합군의 승리로 프랑스는 국권을 회복했다. 파리로 돌아와 수상으로 등극했다. 국권은 회복이 됐지만 난제는 산적해 있었다. 난제 가운데 가장 심각했던 것이 알제리의 독립이었다.

　전 프랑스인들이 모두 알제리의 독립을 반대했다. 국토의 상실로 여겼다. 알제리 국민들이 하나같이 독립을 원하고 있었으나 프랑스인들은 지하자원과 농산물의 보고쯤으로 생각했다.

　프랑스인으로서는 유일하게 드골 수상이 알제리 독립에 찬성했다. 프랑스의 미래를 위해 알제리 독립은 꼭 필요하다고 생각했다. 혼자서 외치며 주장했다. 결국 그의 뜻은 이루어졌다. 정치생명을 걸었던 결단이었다. 군부의 강력한 반대와 친지들의 반대를 무릅썼던 결단이었다.

　"알제리가 독립되지 않는한 프랑스의 평화도 없다."

　프랑스의 미래를 위해서 앞장섰던 것이다. 드골이 사망하자 육군사관학교 동기생들 가운데 조문을 온 사람은 거의 없었다. 알제리 독립을 선언하면서 주변의 친지들이 거의 모두 떠났다. 심지어 아내까지도 반대의 말을 했다.

112

결혼하고서 처음 있는 일이었다.

"여보, 알제리 독립승인만은 다시 생각해 보세요."

"나도 많이 생각했었소. 위대한 프랑스를 위해서는 어쩔 수 없는 일이라 생각하오. 독립을 열망하고 있는 알제리 국민들도 우리와 똑같이 레지스탕스를 했었소. 그들은 우리의 분신이나 마찬가지요. 위대한 프랑스가 과거에 저질렀던 침략의 상징물이 바로 알제리요 인류의 양심은 소리치게 될 것이오. 이번에 모든 것을 정리하고서 새롭게 출발하는 것이 우리가 갈 길이오."

새 역사창조를 하는 마당에 국토에 연연해서는 안된다는 신념이 그를 움직였다. 그는 흔연히 수많은 국민들이 돌팔매질을 하고 있는 한 복판으로 걸어 나갔다.

지도자의 표상이 되었다. 지도자는 고독한 존재였다. 그 누구와도 이야기를 나눌 일이 아니었다. 수상 자리에서 물러나 그의 고향 꼴롱베로 돌아갔다. 위대한 프랑스를 위하여 노심초사하던 거인이 엘리제궁을 떠나 파리와 멀리 떨어져 있는 고향의 작은 집 정원을 가꾸면서 무심의 세계로 돌아갔다. 지도자의 길은 험난하고 좌절로 점철된다. 그러나 신념을 지키면서 수도승의 삶을 살아야 한다.

제2차 세계대전의 영웅 맥아더 장군은 위대한 합중국의 대통령이 소망이었다. 그러나 54년의 군무를 마치고 상하양원 합동회의에서 역사에 남는 명연설을 한다.

"이제 노병은 죽지 않고 사라질 뿐이다."

30회가 넘는 기립박수를 받으면서 위대한 합중국의 영광을 위해서 전쟁터만을 전전했었다. 그러나 그는 그가 태어났던 아칸소주의 리틀록으로 돌아와 대통령의 꿈을 접었다. 그리고 독서와 산책으로 일생을 마감했다.

그러나 그가 미국 육군원수로 지휘봉을 쥐고 있을 때 항상 전선 최전방에서 적을 향해 눈길을 놓치지 않았다. 그의 트레이드 마크와 같았던 모자. 색안경, 여송연 파이프는 보는 사람으로 하여금 마음의 여유를 선사한다. 실제로 그는 전쟁터에서 포탄이 작열하고 탄환이 비오듯 쏟아져도 머리를 똑바로 하고 정면을 향해 걸어 다녔다.

그러한 여유로 해서 백전백승의 명장으로 오래오래 기억되어지고 있다. 맥아더 원수는 화려한 만큼이나 위대한 지도자의 상징으로 남아 있다.

8. 운명을 개척해내는 인물

지도자는 타고 나는 것이 아니라 자기 스스로 개척해 만들어지는 것이다.

지도자에게 바라는 수많은 것들이 모두 선천적으로 타고날 순 없는 것들이다. 스스로 갈고 닦아서 터득해야 되는 것이다.

한국인들은 왜 열광적으로 미친 듯이 선택했던 노무현 대통령에게 등을 돌리는가?

"대통령 못해 먹겠다", "국민투표에 붙이겠다", "재미 좀 봤다", "나는 좌파다" 등등 실언이 빈번해지면서 국민들은 깜짝 놀랐다.

"혹시 대통령 자질이 부족한 것이 아닐까?"

의문부호를 붙이기 시작하면서 그의 자질에 대해 초미의 관심을 보였다. 그러다 보니 한마디로 대통령이 아니라 장관 자질에도 미치지 못하는 인물이라 의심을 가지게 됐다.

코드인사, 경제정책실패, 주택정책실패, 외교정책실패, 문교정책실패, 재벌정책실패, 언론정책실패 등등…….

세월이 약이 될 수밖에 없게 됐다. 더 이상 기대할 수 없는 인물이라고 체념의 단계에 이르고 말았다. 사실상 국민의 지지율이 20%선대이면 하야하는 것이 국가를 위해서도 본인을 위해서도 옳은 일이다.

왜 이 지경에 이르고 말았을까?

냉정하고 이성을 찾아 스스로 대오각성해서 운명을 개척해 나가는 자세를 취하는 것이 도리요 정상이다.

운명을 개척한 이봉주는 선천적으로 마라톤 선수가 될 만한 신체적 조건이 못됐다. 다리가 한 쪽이 길고 다른 한 쪽이 짧다. 거기에다가 평발이다. 발바닥이 평평해서 장시간 달리지 못한다. 심지어 군의 신체검사에서도 불합

격 판정을 받는다.

그것은 이봉주의 숙명이면서 운명이다. 흔히들 사람은 운명을 극복할 수 없는 것으로 체념해 버린다. 그러나 이봉주는 달리고 또 달렸다. 훈련으로 평발의 장애를 극복해 냈다. 국내 선수로서는 그 누구도 흉내낼 수 없는 대선수가 됐다.

운명을 극복해낸 것이다.

세계적인 축구선수 영국 프리미어리그맨체스터 유나이티드의 박지성 선수는 선천적으로 축구선수로는 부적합했다. 체격이 왜소하고 발바닥이 평발이었다. 그러나 스스로 몇 배 연습하고 집중력을 키워냈다. 그의 열정적이고 성실한 연습하는 모습을 보고서 세계적인 축구조련사 히딩크의 눈에 띄었다. 그의 특별한 지도를 소화해 냈고 서울월드컵에서 진가가 발휘됐다.

그의 운명은 바뀌었다.

그의 축구인생은 화려해 졌다.

인간의 운명은 주어지는 것이 아니고 개척해서 새롭게 만들어낼 때 값어치가 있는 법이다.

박정희는 가난한 집안의 막내로 태어났다. 대구사범학교 졸업 후, 문경초등학교 교사가 됐다. 여기서 3년만에 24세 나이로 만주군관학교에 입교한다. 나이가 많아서 학교에서는 망서렸으나 대구사범학교 졸업생이라 허용이 됐다.

초등학교 교사는 특별한 대우를 받았다. 봉급도 면장급으로 예우를 했고 군대 징발에서도 면제를 받았다. 한마디로 좋은 직장에서 안주하지 않고 험란한 길을 스스로 선택했다.

나이 어린 후배들 틈새에서 열심히 노력해 1등으로 졸업했고, 1등졸업의 혜택으로 일본육사에 입학, 이곳에서도 3등으로 졸업했다. 일본군 소위로 입관되어 만주주둔 관동군애서 작전참모로 근무중, 1945년 8월15일 일본이 미국에게 항복함과 동시에 만주 관동군은 해체됐다. 박정희는 문경초등학교 교사직을 그만둔지 5년만에 고향 구미 상모동 집으로 돌아 왔다. 해방의 감동도 잠시였고 육군사관학교에 입학하여 2기생으로 졸업과 동시에 대위로 육군사관학교 중대장을 했다.

118

이때 박헌영의 남로당에 가입했던 것이 하나의 사건이 되어 여수, 순천 반란사건과 관련해서 육군법정에서 사형선고를 받았다.

"박정희 소령, 사형!"

법정은 술렁이었다. 9살 소년일때 형 박상희로부터 받았던 이순신 제독의 승전소설, 나폴레온 영웅전을 읽고서 가슴에서 쿵쿵 대는 고동소리를 들었다.

"나는 커서 장군이 되어 말을 타고서 황야를 마음껏 달려 보고야 말겠어."

그의 야무진 꿈이 문경초등학교 교사를 그만두고 만주군관학교에 입학했고 만난을 무릅쓰고 한발 자욱씩 정진하고 있는데 사형이라니 눈앞이 캄캄 했다.

'이것이 나의 운명이 될 순 없어. 나는 살아나야해!'

눈에서는 살기가 번득였다. 마침 백선엽, 정일권, 송요찬, 김정열, 김창룡, 김안일 등 국군을 생각하는 사람들이 채병덕 육군참모총장에게 박정희 구명을 건의했다. 그 역시 기다렸다는 듯이 고개를 끄덕였다.

사형선고와 동시 사면판결을 내렸다.

기적같은 삶이었다. 자기의 운명을 사랑하는 사람에게
는 신의 도움이 있게 된다. 분명히 신의 가호(加護)였다.
이순신 장군이 나라의 위기에 대처해서 백의종군 했듯이
박정희는 문관으로 후배장교들과 함께 육군본부 정보국
요원으로 근무한다. 자기의 운명을 사랑했고 믿음이 있었
기에 그러한 길을 마다하지 않았던 것이다.

3개월후 6.25한국전쟁이 발발했고 3일후 육군소령으로
복직이 됐다. 일선 사단 작전참모로 죽음의 사선을 여러
차례 넘어섰다.

3사단 작전참모였던 박정희 대령은 인제에 주둔하고 있
었다. 바로 이때 이질에 걸려 설사를 계속했다. 움직이지
못할 정도가 되어 후방으로 긴급 후송 됐다. 죽음의 사신
이 오락가락하고 있었다. 그가 떠난 3일후, 중공군의 대대
적인 공격이 있었다. 사단은 완전 포위되어 사단장 최석
소장을 비롯해서 겨우 3000여 명만이 살아남을 수 있었
다.

인간은 가끔 의외의 천우신조가 일어나는 법이다. 박정
희 대령은 이질설사가 그의 생명을 구제한 셈이다.

6.25한국전쟁이 휴전으로 종식됐고, 박정희 대령은 다음
해 10월에 장군으로 승진하여 포병학교 교장이 됐다. 그
후 5사단장, 7사단장, 6관구사령관, 군수기지 사령관, 1관
구 사령관, 2군 부사령관으로 승승장구하면서 정치부조리
를 접하게 된다.

2군 부사령관으로 부임했을때 일이다. 마침 고향 인근
에 부대가 있었다. 모처럼 가족들과 함께 고향에 있는 부
모님의 묘를 찾아보기 위해서 짚차로 가는 길이었다. 비
포장 도로여서 먼지가 뽀얗게 일고 있었다. 산모퉁이를
돌아가는데 나무그늘에 한 가족이 쉬고 있었다. 간단한
이삿짐이 너부러져 있었다. 잠시 차를 멈추게 했다. 그들
에게 걸어갔다.

"임자, 어디 가고 있으시오?"

"정한 곳이 없습니다. 무작정하고 고향을 떠나는 길입
니다."

"그게 무슨 말씀이오?"

"농촌에서 농사일을 했는데 농촌에서는 먹고 살 수 없
습니다. 그래서 고향농촌을 떠나 도시에 나가서 무슨 일

이든지 해서 먹고 살려고 합니다."

참으로 기가 막히는 일이었다. 마침 다섯살박이 아이가 칭얼대고 있었다. 먹지 못해서 배고프니 먹을 것을 달라는 것이다. 그러자 어머니가 등을 어루만지면서 달래고 있었다.

"도시에 가서 돈을 많이 벌어 맛있는 것, 많이 사줄께. 참아 다오."

그들의 모습에 연민의 정이 갔다. 박정희는 호주머니에 있는 돈을 몽땅 털어 그들에게 주었다.

"아이들에게 밥을 먹이시오. 그리고 도시에 가서 잘 살아 보시오."

그때부터 농촌의 현실이 최악이라는 것을 알았다. 그러나 서울의 정가(政街)는 밤낮으로 싸움판이었다. 집권한 장면 정부는 일을 하지 못하고 있었다. 신파, 구파 사이에 힘겨루기로 밤낮이 없었다. 또 장관자리를 놓고 아웅다웅이었다. 그런가하면 의사당과 청와대앞 거리는 데모가 벌어지고 있었다. 상이용사, 초등학생, 거지떼, 대학생, 심지어 깡패들 까지 데모와 싸움을 벌였다.

"대한민국에 법이 있는가?"

자유도 좋고 민주주의도 좋지만 국가가 부흥하고 능력이 있어야 개인이나 사회가 살아 날 수 있는 법이다. 그런데도 시위로 시작해서 시위로 날이 저물러가고 있으니 국민들에게 무슨 희망이 있을 것인가.

생각이 여기에 이르자 분노가 가슴속 깊은 곳에서 일어났다.

"군은 부정부패로 멍이 들고, 사회는 시위로 지쳐 있다. 그럼에도 정치지도자들은 당파싸움에 연일이 없다. 과연 대한민국은 어디로 가고 있는가?"

의문부호를 크게 그리면서 혁명을 하기로 작심한다. 우리가 처해 있는 현실이 운명이라면 그 운명을 바꾸어야 한다. 나 한 사람이 희생되더라도 국가와 국민이 잘 살 수 있다면 흔연히 내가 희생을 해야 한다. 생각이 여기에 이르자 혁명은 필연으로 되었다.

박정희는 자기의 운명에 대해 무척 사랑하는 사람이다.

여수, 순천 반란사건 때 현장에 내려가 목격하고서 즉석에서 남로당을 버렸다.

"이것이 아니야. 남로당은 틀렸어. 나의 운명을 그들에게 맡길 수 없어."

그의 운명에 대한 절절하게 사랑하는 일면이다. 반란군들은 3일 사이에 지방의 유지들 그리고 지식인 6600여 명을 처형했다. 잔혹을 극한 행위였다. 죽창으로 찔러 죽이고 돌로 쳐 죽였다. 칼로 난도질하고 몽둥이로 머리를 깨뜨려 죽였다. 마치 일본군들이 남경에서 중국인들을 죽이듯 했다. 관공서와 주요 건물은 모두 방화해서 불태워 버렸다.

천인공노할 만행으로 무엇을 얻으려 했을까?

이들은 반드시 천벌을 받게 되고 국민들로부터 버림을 받게 된다. 그래서 공산당은 반드시 망하게 된다고 확신했다. 그러한 신념은 운명애에서 비롯된 것이다.

역설적이지만 박정희는 자시 운명에 대한 깊은 사랑이 그로 하여금 군사혁명을 일으키게 했던 것이다.

그는 왜 군사혁명을 일으켰던가?

민족중흥을 시켜 조국을 근대화 하자면 썩고 부패한 정치세력, 군부, 사회 지도층 등 모두를 뒤엎어야 한다는 것이 그의 신념이었다. 자기 신념을 현실화시키자면 자기의 생을 가장 고귀한 곳에 바쳐야 한다고 생각했던 것이다. 그의 속마음은 장도영 육군참모총장과 대면해서 혁명에 동참할 것을 선언했던 대화에서 읽어볼 수 있다.

"총장각하, 이 나라에 혁명이 필요하다고 생각합니다."

"뭐라고 했소? 혁명?"

"그렇습니다. 자유당도 장기집권하면서 부패해서 무너졌습니다. 평생을 정치하면서 세월을 보냈던 현재의 집권세력 역시 부패했습니다. 거기다가 이들은 무능하기까지 합니다. 이래서 나라의 앞날을 위해 혁명이 필요합니다. 혁명의 준비는 완료되어 있습니다. 총장 각하께서 혁명의 총책임자가 되어 주셔야 하겠습니다."

"나는 혁명의 주체에 끼일 수 없습니다."

"그럼 혁명을 묵인만 해주십시오."

"난 묵인도 하지 못하겠소."

"그럼 고발만 하지 말아 주십시오."

"그건 하겠소."

혁명을 해서 조국을 근대화시켜 놓고 민족으로 하여금

선진국의 대열에 올려놓겠다는 주장을 펴고 있는 박정희, 양다리 걸쳐 놓고 혁명을 구경하고 성공하면 혁명 주인공도 되어 보겠다는 양다리 걸치기를 하고 나섰다.

이 장면에서 운명개척을 하고자 하는 박정희와 혁명의 과실을 따먹어 보고자 하는 장도영을 읽을 수 있다.

한국현대사의 한 장면이지만 결과론으로 볼 때 누가 역사의 주인공이 되었던 것일까?

지금 이 순간에도 지도자 가운데 운명을 개척하려 하지 않고 남이 장(場)에 가니까 나도 그저 따라가고자 하는 인물이 있다.

목숨 걸고 지도자의 자리에 올랐던 박정희는 「조국근대화와 민족중흥」이 자기의 생명이요 소명이었다. 어려움이 닥치는 순간마다 자기의 전부를 던져 죽기 아니면 살기로 올인해서 성공을 쟁취했다.

"대통령 못해 먹겠네요. 3개월 내에 중대 결심을 할 수밖에 없습니다."

노무현 대통령이 실언해서 온 국민이 깜짝 놀랐었다.

왜 이러한 말을 했을까?

자기의 운명을 개척해낼 능력도 없고 국가와 국민의 존재를 이해하지 못하고서 얼렁뚱땅 눈을 떠보니 옥좌에 올라섰던 사람이었던 것이다. 그것은 국가의 불행이요 국민의 박복함이다. 아프리카에 가서도 이러한 정치 지도자를 만나기 쉽지 않다.

　가장 위대한 대통령과 제일 무능한 대통령의 이야기를 하고 있다.

　이만큼 운명을 개척해낸 지도자의 능력이 국가 운명에 중요한 가늠자가 된다.

　인류 역사상 가장 위대한 지도자 모세의 운명개척 역정(歷程)을 보라.

　히브리인의 아들은 무조건 죽이는 세상에서 히브리인의 아들로 태어났다.

　그러면서도 죽임을 당하지 않고 갈대 상자속에 넣어 나일강에 버려졌다. 그런데도 죽지 않고 바로 공주의 품에 안기였다. 그리고 성장해서 히브리인의 지도자가 되어 미디언 광야에 묻히게 된다.

　여기서 40년의 고난을 통해 한 사람의 지도자로 탄생한다.

모세는 고난의 상징으로 통한다. 그 만큼 자기의 운명을 개척해 낼 수 있어야 위대한 지도자가 될 수 있는 것이다.

9. 미래를 읽어낼 수 있는 인물

미국 200년 역사상에 가장 위대한 대통령 10인 가운데 레이건 대통령이 들어 있다.

조지 워싱턴, 제퍼슨, 링컨, 루즈벨트는 쉽게 이해가 되지만 레이건이 끼여 있는 것은 의아스럽게 생각하는 사람이 많다. 그러나 미국인들은 정치학자 이상으로 이론적으로 또는 학술적으로 설명되는 이상으로 명석하고 현명한 지혜를 지니고 있다. 레이건, 조지 부시, 클린턴 등 세 사람의 대통령 공보비서관으로 근무했던 특이한 경력의 소지자 데이비드 거건이 대통령의 리더십과 성공비결에 대해서 책을 저술해서 눈길을 끌었었다. 여기에서도 레이건 대통령의 성공비결 가운데서 가장 중요했던 덕목으로 꼽았던 것이 있다.

바로 미래를 내다보는 눈이었다.

정치지도자로서 미래를 내다보는 능력이 가장 중요했다는 것이다. 영화배우 출신으로 정치에 뛰어 들어 영화인협회 회장, 주지사를 거쳤지만 대통령으로서 성공하고 수준 높은 안목을 지닌 미국인의 여론조사에서 10명의 위대한 대통령으로 랭크됐던 것은 소련을 총한 발 쏘지 않고 무너트렸던 능력을 높이 평가했던 것이다. 50년 넘게 시달림을 받았던 「동서냉전」을 종식시켜낸 것은 위대한 업적임에 틀림없다.

동서냉전 종식이 왜 위대한 업적인 것인가?

예일대 교수 폴 케네디의 명저 「강대국의 흥망」에서 강대국의 요건으로 군사비 지출이 적은 국가는 흥하고, 군사비 지출이 방대하면 결국 망한다는 논리를 정립했다. 그의 이론은 만인의 공감을 얻어냈다. 미국인들은 그의 논리에 전적으로 동의하고 있다. 미국은 동서냉전으로 매년 3000억 달러를 지출했다. 이로 인해서 50년 동안 수

조 달러를 소진했다. 핵 개발, 대륙간 유도탄, 우주경쟁, 군비경쟁 등 반 평화적인 부분에 자의반 타의반으로 소련을 의식해서 지출해야 했다. 이로 인해서 재정적자는 누적됐다. 강대국 미국이지만 재정적자로 해서 인프레에 시달리고 복지후생 정책이 세계 하위권으로 낙후되고 있었다.

그것은 강대국 미국만이 안고 있는 지상최대 비극이었다. 이 비극을 레이건 대통령의 결단으로 종식시켜낸 것이다. 조지워싱턴 대통령의 헌법이나 링컨 대통령의 남북전쟁 승리 보다 더 높은 가치로 인정을 하고 있다.

레이건 대통령은 어떻게 동서냉전을 종식시켜낼 수 있었던가?

그가 펼쳐서 성공을 했던 공급확대 정책 레이건노믹스도 높이 평가되고, 관제사 3만 명 전원해고 조치도 강한 미국을 만드는데 기여했던 것으로 높이 평가되고 있다. 그러나 소련이 소멸되리라고 보았던 미래를 내다보는 눈이 높이 평가되고 있다.

박정희와 김대중.

한국근대사에서 가장 위대한 대통령과 가장 실패한 대통령으로 역사는 평가할 것이다. 한 사람은 민족중흥과 조국근대화를 성공시켜 1인당 국민소득 85달러에서 8천 500달러로 빈곤국가를 부국이면서 선진 강대국으로 도약을 시켜 냈다. 다른 한 사람은 주 5일제 근무제를 만들어 나라를 놀자 판 공화국으로 뿌리부터 흔들어 놓았고, 민주노총, 전교조 설립을 법제화해서 세계에서 가장 무섭고 강력한 노동조합 천국으로 만들어 놓았다. 여기에다 9000여 개의 시민단체가 난립하여 공권력이 유명무실해 졌고 경부고속철 공사가 2년 넘게 중단되고, 군산 새만금 방조제 대역사가 2년 동안 중단됐으며, 평택 미군기지가 반미 시민단체에 의해서 불법점령 되고, 심지어 한미연합 합동 군사훈련이 시민단체에 의해서 방해가 되는 나라가 됐다.

그 결과는 우리에게 무엇을 가져다주고 있는 것일까?

대기업의 공장들이 해외로 이전되고 이에 따라 협력업체들이 모두 해외로 떠나고 있다. 대학을 졸업한 100여만 명이 취업을 못하고 실업자군으로 거리를 떠돌고 있고 청년실업자 100만 명 시대가 됐다. 중산층은 무너져 버렸고 가혹했던 3년여 장기불황에 국민들은 대통령과 집권당을 원망하고 있다.

이것이 김대중 대통령이 집권 5년에 범했던 실패들이다.

가장 위대한 성공을 이룩했던 박정희 대통령은 밤낮으로 공장 하나하나 짚어 본다. 착공식이나 준공식에 빠짐없이 참석해서 테이프컷팅을 한다.

국가경영에 할 일도 많을텐데 왜 대통령이 직접 참석하고 있는가?

모두 뜻이 있다. 대통령이 참석하게 되면 관계되고 있는 장관을 비롯해서 국회의원, 도지사, 시장, 군수, 세무서장, 경찰서장, 검사장 등 관련자 모두가 참석하게 된다.

대통령은 어김없이 회사 대표와 함께 참석자 모두가 주시하고 있는 가운데 악수를 하고 덕담을 나누게 된다.

"축하합니다. 꼭 성공하십시오. 내가 무엇을 도와주면 되겠습니까?"

악수를 나누고 등을 토닥거린다. 이 광경을 목격하고 있는 모든 공직자에게 무언의 메시지를 전달하고 있다.

"공직자들이여, 내가 하고 있는 것과 같이 여러분 모두가 이 공장 대표에게 잘 보살펴 주고 도와주십시오."

대통령은 이 말을 무언으로 웅변하고 있다.

그럼 대통령은 왜 공장대표에게 지극정성을 다하고 있는 것일까?

공장 하나 건설되면 고용이 일어난다. 수백명에서 수천명의 고용이 일어나면 이들에게 임금이 지급되고, 임금이 지급되면 그 돈이 구매력이 되고, 구매력은 생산을 유발한다.

이러한 계산을 계속하다 보면 국민의 호주머니가 두둑해진다. 지도자의 최고 덕목은 국민의 호주머니를 두둑하게 해주는 일이다. 청와대에 앉아서 대통령이 해야 할 일은 이런 일이다. 입으로 무수한 나날을 허튼 소리해봐야 국민은 고달퍼 한다.

"저는 오늘부터 경제에 올인 하겠습니다."

입으로는 쉽게 말하면서도 경제현장에는 두려움을 느끼는 대통령은 바로 실패하게 한다.

박정희와 김대중은 무엇이 다른가?

바로 미래를 보는 눈이다. 한일국교를 정상화시킬 때 박정희는 명운을 걸고 강행했다. 한국의 국가근대화와 민족중흥을 위해서 성공모델이 필요했다. 그 모델을 일본으로 삼았다. 그러나 김대중은 그럴듯한 말로 결사반대 했다. 그러면서 정작 대통령이 되어서는 독도근해의 영토권을 어업협력협상을 하면서 대폭 양보해 버렸다. 그것이 발단이 되어 일본이 독도를 자기네 땅이라며 분쟁을 일으키고 있다.

김대중은 왜 독도근해어업 협력협상에서 국토권을 양보했던가?

나라를 사랑하는 마음이 부족했다. 이승만이 선포해 놓았던 평화선은 애국심의 상징적인 표현이었다. 독도에서 200해리선은 어떠한 경우에도 양보해서는 안되는 선이었다. 그럼에도 일본에게도 함께 사용해도 되는 공동어업의 장으로 양보했으니 자기네 땅이라 주장하게 빌미를 제공했던 것이다. 한 치 앞을 내다보지 못했던 대통령이었다.

이제 뭐라 변명할 수 있을 것인가?

경부고속도로 건설할 때에도 김대중은 결사반대 했다.

반대 이유는 추악한 지역감정이었다.

경부고속도로가 개통되면 경상도 편향이라는 것이다. 박정희가 내다보고 있었던 것은 수출 30억 달러가 아니라 3000억 달러 시대를 내다보고 있었다. 수출물량 90% 이상을 담당해내고 있는 부산항이었다. 그러나 수송이 노후된 철도에 의존하고 있었다. 이를 해결하는 방법은 고속도로건설 뿐이었다. 30억 달러를 보고 있는 김대중과 3000억 달러를 내다 보고 있는 박정희와는 서로 비교가 될 수 없는 인물이었다.

그럼에도 왜 두 사람이 비교되고 있을까?

추악한 지역감정 때문이었다. 전라도지방에서 거짓말과 권모술수로 신(神)과 다름없는 지지와 존경을 받으면서 박정희는 거국적인 인물임에도 경상도 사람으로 인식이 되고 말았다. 박정희로서는 최대 비극이다. 마치 이순신이 원균과 동등하게 인식이 되는 것과 마찬가지다. 23전 23승했던 이순신과 11전11패 했던 원균과 같은 장수라 해서 똑같은 장수로 국민의 눈에 비치우게 된다면 얼마나 억울한 일일까?

김대중은 박정희의 경제정책에 대해서도 사사건건 발목 잡이를 했다. 월남전 국군 파병을 국군장병의 미국군 용병이라며 반대했고, 광부와 간호사의 서독파견 역시 일제 시대 탄광광부 징용이라며 반대했다. 심지어 경제제일주의 노선까지 반대했다.

　김대중은 대통령이 되어서야 대구방문의 자리에서 박정희 성공신화에 고개를 숙였다. 국민소득 80달러이던 세계 최빈국 중국이 1500달러 중진국으로 발돋움하면서 세계 최대 달러 보유국이 됐다. 매년 10%대의 경제성장율을 보이면서 세계의 공장으로 대도약을 했다. 중국의 도약은 중국지도자들이 미래를 내다보는 눈이 있었기 때문에 가능했다. 모택동의 삼면홍기와 문화혁명이 실패하면서 7000만 명이 굶어죽거나 처형되어 희생됐다. 또 모택동은 등소평을 제거하기 위해 두 차례에 걸쳐 제거명령을 하달했다. 그 때마다, 군부와 지도자들은 등소평을 피신시켜 살려낸다.

　“위기의 중국, 살려낼 위인은 등소평이야.”

　미래를 읽고 있었던 중국지도자들은 모택동과 조자양

등 위인들은 처형하지 않았다. 5000년 중국 역사에서 특이한 점은 적국의 장수, 학자, 위인, 시인 등 인물은 죽이지 않았던 일이다. 춘추전국시대 위, 진, 촉, 초, 오 등 나라 사이에 숨가쁜 전쟁을 치뤘다. 촉의 대장수 관우는 청룡언월도를 휘둘러 세상을 놀라게 했다. 장수들은 그의 이름만 들어도 오금 저려 했다. 바로 그가 위나라 조조 군사들에 의해 포로가 됐다. 조조는 무수한 희생을 당했음에도 관우를 정관예우를 하면서 설득을 시도했다. 그러나 그의 초심은 불변이었다.

"나를 죽여 다오. 그것이 나에 대한 최고의 예우니라."

그를 설득시킬 수 없다는 것을 알고서 그를 풀어 준다. 그러면서 한 마디 한다.

"100만 대군을 희생시키는 한이 있더라도 역사에 나의 손으로 관우를 처형했다는 오명은 남기고 싶지 않다."

대국인의 큰 생각이다. 이런 정신이 오늘에 이어져 체구가 작지만 마음은 큰 대인 등소평을 희생시키지 않았다. 그것이 오늘의 부국이면서 경제대국이 되도록 만든 것이다.

중국인들의 미래를 내다보는 눈은 정확했고 세계에서 대국으로 발전할 수 있는 저력이 되고 있다.

역사가들은 제2차 세계대전은 일어날 수 없었던 전쟁으로 보고 있다.

그럼에도 왜 전쟁이 일어났었는가?

대정치가이면서 달변가였던 챔벌린 영국 수상이 앞을 내다보지 못했던 어리석음이 제2차 세계대전을 일으키게 만들었던 것이다.

처칠은 챔벌린 수상이 영독불가침 조약을 체결하자 장탄식을 했다.

"히틀러는 위험한 인물이다. 그는 분명히 프랑스를 침략하게될 것이다. 그리고 그 다음은 영국이될 것이다. 그러면 제1차 세계대전과 마찬가지로 제2차 세계대전이 일어나게될 것이다. 이것은 비극이다."

처칠은 세계지도를 펼쳐 놓고서 항상 경계심을 늦추지 않았다. 독일에서 벌어지고 있었던 나치당의 행태를 예의주시하고 있었다. 히틀러의 광끼를 보면서 분명히 큰 사고를 낼것이라고 판단했다. 이러한 히틀러와 불가침조약을 체결한 것은 한 치 앞을 보지 못한 경솔한 외교라며 한탄을 했다. 불과 3개월 후, 처칠의 우려는 현실이 됐다. 사실상 역사가의 시각처럼 히틀러는 오스트리아와 폴랜드를 침략하면서 제2차 세계대전을 일으켰다. 미래를 내다보고 있던 처칠의 예상이 얼마나 정확했던지 알아보게 하는 대목이다. 옛날 국왕과 황제들은 역관과 예언가를 비서관으로 두었다. 지방 나들이를 하거나 해외순방을 할 때 출행 날짜를 잡는 일을 했다. 좋은 날을 선택하기 위해서다. 앞으로 있게될 좋은 날은 미래 예측이다. 국왕이나 황제에게 있어 미래 예측은 중요했다.

그룹재벌 가운데 삼성그룹의 이병철 회장은 비서실에 주역인(周易人)을 배치했다. 국내에서 명성이 있었던 박제산, 백운학, 대안스님 등이 삼성그룹 비서실에 근무했던 분들이다. 이병철 회장은 이들을 통해서 미래를 예측해 보려 했었다. 미래 예측은 경영의 사활을 걸게 만든다. 특히 미래를 예측하기 어려운 신규사업을 전개할 때 이들의 조언은 결정적인 역할을 했다. 그 만큼 미래를 읽어낼 수 있는 능력은 성공과 실패를 결정하는 요소인 것이다.

10. 작은 나라지만 강한 국가를 만들어낼 수 있는 인물

이제 국가를 논할 때 강대국이 결코 강한 나라가 될 수 없다.

세계화가 미국의 주도로 진행되면서 국력과 국부가 크다고 해서 강국이 아니다. 미국은 강대국이면서 재정적자로 국가경영에 제한을 받고 있다. 아프가니스탄에 10개 사단 병력을 투입해서 10년 동안 180억 달러를 쏟아 붓고서도 러시아가 완전 정복에 실패했다. 그러나 미국은 전쟁개시 43일만에 완전 정복을 했고 게릴라의 숨통을 끊어 버렸다. 인명 피해 3명인데 전투에서 희생이 아니었다. 포로수용소에서 학대를 하자 포로들이 저항하면서 벌어진

사고사였을 뿐이다.

그 만큼 지구상에 상대가 없는 그러한 초강대국이다. 그러나 세계는 지금 미국을 강한 나라로 보지 않는다.

어떤 나라가 강한 나라인가?

수출이 수입 보다 많은 나라, 재정흑자의 나라, 달러 보유가 많은 나라. 경제성장율이 잠재성장능력 보다 높은 나라, 실업율이 마찰실업과 계절실업 정도로 낮은 나라, 노동조합의 파업이 없는 나라, 정치가 안정되어 있는 나라, 전통문화가 잘 보존되어 있는 나라, 1등 상품을 많이 보유하고 있는 나라.

이러한 기준에 의해서 보면 경제대국으로 불리우고 있는 일본, 프랑스, 독일, 중국이 강대국이 아니다. 일본은 10년 불황에다가 청년실업이 10% 가까이 되고 있다. 아마 존스홉킨스대학 국제 경영대학원 교수 프랜시스 후쿠야마 박사가 이러한 개념을 정립할 때 일본을 모델로 삼았었을 것이다.

일본은 세계 제일의 수출국이면서 달러 보유가 최대이다. 그런가하면 1등 상품이 세계 최고로 많이 보유하고 있다. 그러면서도 지난 10년 동안 심각한 불황을 체험했다. 이 불황을 극복해내기 위해 일본정부는 수 백조엔을 투여 했다. 그러나 전혀 효력이 없었다. 가장 심각했던 것이 청년실업이었다. 대학을 졸업해도 일할 곳이 없는 백수가 집집마다 골치거리가 되어 사회문제가 되었다.

"우리가 선진국의 국민인가?"

이렇게 자문자답하는 국민이 늘어나면서 정부불신으로 이어졌다. 불황 10년만에 해답을 찾아냈다. 고이즈미 수상의 작은 정부론이었다. 우정사업을 민영화하고 이어서 국영기업을 민영화하면서 생겨나는 자금을 실업구제에 투입하겠다는 것이다.

또 일본이 체험했던 것은 정치체제였다. 맥아더 주둔군 사령관에 의해서 그려졌던 정치체제는 부패구조였다. 일본이 처음 체험하는 미국식 민주주의를 변형시켜 놓았다. 즉 오야붕(파벌수장)에 의해 정당을 이끌어 가도록 만들어 놓았다. 후꾸다파, 다나까파, 고이즈미파 처럼 파벌의 장이 정권을 장악하는 방식이다. 파벌의 장이 국회의원을 공천하고, 정치자금을 후원한다. 정치에 입문하자면 파벌의 장 천거가 있어야 한다. 일단 정치에 입문하게 되면 파벌의 장 지시에 철저하게 복종해야 한다. 명령 불복종은 정치를 떠나고서야 가능하다.

파벌의 장은 누가 되는가?

파벌의 장은 정치자금을 계파의원에게 충분히 공급할 수 있어야하고 정치자금을 공급하자면 기업과 밀착하여야 한다. 즉 정경유착이 되어야 한다.

자민당 최대 계파보스였던 다나까 수상이 미국의 록키드 항공제작사와 밀거래로 3억 달러를 받았다. 이것이 상대파벌의 밀고로 검찰수사 결과 밝혀져 구속이 되고 정계를 떠나야 했다.

계파보스는 누구나 정치자금에서 자유로울 수 없다. 정경유착 없이 정치자금을 조달하는 길이 없다.

정경유착은 일본정치를 타락시키고, 정치의 타락은 기업을 망치게 된다. 기업은 공정한 경쟁과 효율에 의해서 성장한다. 그러나 정경유착은 이러한 것이 무시된다. 따라서 정부예산이 줄줄 세면서 효율성이 없어져 버린다.

이러한 나라는 강한 나라가 될 수 없다. 이러한 정치를

144

혁신하기 위해서 마스시다그룹의 회장 마스시다 고노스케 개인 돈 500억엔을 희사해서 정경숙(政經塾)을 설립했었다. 5년제 대학원으로 25년 전에 설립했었다. 졸업생들이 정계에 진출하고 있다. 그러나 그들이 세(勢)를 형성할 수 있으려면 아직도 세월이 더 소요될 것이다. 부패구조의 정치체제 나라 일본은 잃어버린 10년 세월을 앞으로 여러 차례 겪게 될 것이다.

이래서 일본은 강대국이면서 강한 나라는 되지 못한다.

독일, 프랑스 역시 마찬가지다.

복지지향형 좌파 정권이 들어서자 큰 나라를 지향했다. 국가가 사회보장을 책임지고 그 재원을 마련하기 위해 증세를 했다.

당장 기업과 개인은 세금을 많이 거출해야 했다. 기업이 세금을 많이 거출해야 하자 당장 설비투자 규모를 축소했다. 설비투자를 축소하자 고용이 줄고 구조조정을 했다. 그러자 종업원들은 해고되어 실업이 늘게 되고 시간외 근로가 줄어들었다. 당장 가처분 소득이 감소하자 소비지출을 줄이게 됐다. 문화비지출과 여행, 스포츠, 오락

지출이 줄어들었다. 자연스럽게 음식료지출이 줄고 의복비 지출이 감소했다.

소비순환이 이렇게 축소와 감소했다.

소비순환이 이렇게 축소와 감소에 이르게되자 불경기라면서 자영업자들이 매출액이 감소하여 아우성을 치기 시작했다.

종국에 가서 독일 정부는 경제성장율이 3.5%에서 0%로 마이너스 성장을 기록했다. 공원과 거리에는 실업자들이 줄을 잇고, 곳곳에서 정부를 비판하는 시위가 벌어졌다.

지방선거와 국회의원 선거에서 집권좌파 슈뢰더 정권은 패배했다.

"좌파의 시대는 지났다. 작은 정부가 정답이었다."

두 마디의 말을 남기고 한때 인기절정이었던 슈뢰더 수상은 정계를 은퇴했다.

독일 역시 강대국이었지만 강한 나라는 아니었다.

강대국 프랑스는 어떠했던가?

시라크 대통령, 드빌팽 총리가 기치를 높이 들었다. 그

러면서 영국의 블레어 우파 정권에 대해서 차별화를 시도
했다. 유럽 연합에 좌파 독일의 슈뢰더 총리와 유대를 강
화하고서 영국에 대해 사사건건 시비를 걸었다. 관록의
정치인 블레어는 가볍게 좌파의 예봉을 피해 갔다. 그러
다가 미국의 이라크 전쟁이 시작됐다. 시라크 대통령은
결연하게 미국과 영국의 이라크 침공에 반대했다. 그러자
슈뢰더 독일 총리도 시라크의 편에 서게 되자 부시 미국
대통령은 못본 척 외면했다. 그리고 41일만에 이라크 전
쟁을 승리로 종결지었다. 그러자 「이라크 전후 복구계
획」이 시작됐다.

부시는 기다렸다는 듯이 프랑스와 독일을 제외시켰다.
프랑스는 큰 정부를 지향해 가면서 복지국가를 선언했다.
이상하게도 독일과 똑같이 불황에다가 격증하는 실업이
심각해 졌다. 이러한 상황에서 이라크 전후 복구계획에
왕따를 당했으니 당황할 수밖에 없게 됐다.

콧대 높기로 이름이 나 있던 시라크 대통령은 고개를
숙여 가면서 부시의 비위를 맞추었지만 고개를 돌리고 만
다.

'정치적으로 좌파시대는 9.11테러이후 종지부를 찍었지. 그런데도 좌파과시를 하고 있으니 더 이상 할 말이 없구려.'

부시의 비아냥에도 머리를 숙일 수밖에 없게 됐다. 그런 판에 노동시장 유연성을 살려 고용증대를 꾀하려고 노동법을 바꿨다.

"고용 최초의 2년안에 해고를 자유스럽게 할 수 있다.(CPE)"

노동법을 드빌 팽 총리가 발표하자 대학생들을 비롯하여 학부모, 시민, 시민단체가 들고 일어나 독소조항 철폐 요구가 요원의 불처럼 프랑스 정국을 뒤흔들어 났다. 200만 명이 시위에 참가 했다. 치안이 완전 마비됐다. 더 이상 계속되면 무정부사태가 된다.

시라크 대통령과 드빌팽 총리는 백기를 들었다. 히틀러 군이 파도처럼 밀려와서 프랑스인 큰 코가 남작해지면서 백기투항 했던 이래로 정부가 민의에 백기를 들었던 일은 처음이었다. 곧 있게 될 대통령선거에서 결정적인 타격을 입게 됐다.

야당 대통령 유력 후보 사르코지가 이번 사태 수습책을 피가로와 인터뷰에서 발표했다는 소식이 전해지자 시라크 대통령과 드빌팽 총리가 나서서 보도가 되지 못하도록 교섭과 호소를 했다는 소문이 나돌아 그들의 자존심을 땅바닥에 팽개쳐 버렸다는 것이다.

　프랑스 국민혁명이후, 처음 벌어진 사태로 해서 생사기로에 서 있는 모습을 보면서 프랑스는 테제베(TGB)를 비롯한 미라쥐 전투기를 생산해 내는 강대국임에는 틀림 없지만 강한 나라는 아니다.

　그럼 「강한 나라」는 어떤 나라인가?

　스웨덴, 핀란드, 덴마크, 노르웨이, 네델란드, 홍콩, 싱카포르 등 유럽과 아시아 일부 나라는 도시국가 같이 작은 나라다. 그러면서 세계제일의 상품들이 널브러져 있다. 국민 교육수준이 높고, 교육 체제가 잘되어 있다. 세계 최고 명문 MBA 대학원이 있는가 하면, 세계 최고 병원이 있다. 또 금융허브가 되어 세계의 자금이 몰려든다.

　작지만 강한 나라는 국민소득이 높고 전문화가 잘 되어 있는 나라다.

한국은 어떤가?

김대중, 노무현 모두 좌파 정치인으로 큰 정부, 함께 잘 사는 국가를 지향하고 있다. 집권층과 코드가 맞지 않으면 적으로 보고 세금폭탄을 던져 댄다. 강남의 집값을 잡고, 서울대학교를 없애야 한다면서 평준화의 틀에서 조금도 벗어나려고 하지 않는다. 」

부모의 부(富)가 자식에게 이전되고 부모의 가난이 자녀에게 대물림된다면서 발목을 부러뜨려서라도 평준화를 하려한다.

특별 목적 고등학교, 자립형 사립고등학교, 영어마을학교, 국제중학교 등 영재교육과 우수인재양성 고등학교는 평등교육에 위배된다면서 하향평준화를 지향하기 위해 설립을 꺼려한다.

빌 게이츠 한 사람이 수십만 명의 보통 사람을 먹여 살리는 것이 오늘의 경영 논리라면서 새로운 논리를 펼치고 있다. 그럼에도 세계화의 패러다임을 외면하려 한다.

이미 20여년전에 지구상에서 사라져 버린 이념논쟁속에 깊숙이 빠져 들고 있다. 이러한 이념논쟁에서는 강한 나

150

라가 성립되지 못한다.

프랜시스 후쿠야마는 그의 저서 「강한국가의 조건」에서 ①강한 국가의 조직, ②강한 국가의 정치체제, ③강한 국가의 합법성, ④강한 국가의 문화 등 네가지 조건이 충족되어야 한다고 말하고 있다.

불행하게도 우리나라는 속임수와 거짓말로 유권자를 현혹시켜 탄생한 정부이기에 국민의 지지율이 20%대에 머물고 있다.

나라가 작기도 하지만 강한 국가가 될 수 없는 처지에 있다. 벌써 10년 가까이 갖가지 의혹과 부패속에서 이미 강한 나라이기를 포기한 상태에 있다.

IT 제일 우수한 나라, 수출 주도형 나라, 세계 10위 부자 나라, 1위 상품이 반도체, LCD제품, 핸드폰, 조선, 철강, 자동차 등 국력에 비해 많은 나라라는 사실을 생각하면 얼마나 가슴아픈 일인가를 생각케 한다.

세계에서 제일 노동시간 길고, 손 솜씨가 우수해 기능올림픽을 10년 연속 우승했던 나라였다.

세계에서 가장 가난한 나라를 형제국으로 이웃하고 있

으면서 그렇게 못살고, 그렇게 못난 행태만을 일삼아 세계인의 웃음거리가 되고 있는데 그 나라를 섬기려하는 운동권이라는 괴물이 나라를 좌지우지 하고 있다.

심지어 초중고교 교사들 가운데 9만여 명의 교사가 만든 전교조 위원장이 한 신문과의 인터뷰에서 쏟아 놓는 말들은 한(恨)과 원(怨)에 사무쳐 세상을 향해 푸악을 하고 있음을 보여 주고 있다.

글쎄 대학에서 학생을 선발할 때 시험을 치르지 말고 학생을 보고 뽑으라 한다. 그러니까 공부를 해도 좋고 공부를 하지 않아도 좋다는 식의 나라의 학교가 되라는 것이다.

이 말을 듣고 세계의 전장터에서 하루하루 피를 말리는 경쟁을 해야만 하는 기업가들이 어떤 생각을 하겠는가?

"세상 다 됐구면. 이제 이 땅에서는 더 이상 바랠 것이 없어. 그래 살길을 찾아 나는 떠나야겠어. 그래 그렇게 이 나라는 모순도 많고 개혁할 것도 많은 나라이니 그럼 당신들이나 잘 해보세요. 더 이상 할말이 없수다!"

손을 털면서 중국, 미국, 베트남, 인도네시아, 인도, 말레이시아, 러시아로 훌쩍 훌쩍 떠나고 만다. 이래서 이 나라는 강한 국가가 될 수 없다.

행주산성을 향해 10만 왜군이 조총으로 무장하고 줄지어 공격해 온다. 나라를 지켜야 한다는 소명의식으로 무장하고서 화살을 쏘아댄다. 화살이 떨어지면 돌맹이를 던져 댄다. 아녀자, 늙은이 모두 돌을 주어다가 병사들에게 공급한다. 관, 군, 민 모두 혼연일체가 되어 혼신의 힘으로 부딪친다.

이때부터 사람이 아니라 신(神)이 도움을 준다. 신이 도움을 주면 기적이 일어난다.

4000여 명의 병사와 아녀자, 늙은이가 10만의 정예군과 대결해서 소수 병력이 대승을 거두게 한다.

행주치마 기적을 일구어낸다.

다윗 소년과 골리앗 거인과의 싸움에서 소년 다윗이 승리하게 만든 신의 조화다.

만약 병사는 병사대로, 아녀자는 아녀자대로, 늙은이는 늙은이대로 제각각이었다면 행주치마의 효용성도 없었을 것이고 10만 정예병이 승리했을 것이다.

작지만 강한 나라는 이러한 논리라는 것을 생각한다면 지도자는 그렇게 나라를 이끌어 갈 수 있는 인물이어야 한다.

11. 난관돌파 능력이 있는 인물

박정희 대통령은 5.16군사혁명을 성공해 놓고 보니 어디서부터 손을 대야할지 막막했다.

경제학자들의 말에 따르면 축적된 자본이 있어야 사회간접자본에 투자하고 공장을 건설할 수 있다고 했다. 그래야 고용이 늘어나고, 고용이 늘어나야 소득분배가 된다. 소득분배가 되면 유효수요(돈)가 돌아가고 그것이 다시 공장생산이 된다.

아, 돈이 어디에 있을까?

경제개발 청사진부터 만들었다.

경제개발 5개년 계획을 수립하면서 모델로 삼았던 것이

서독이었다.

한국처럼 서독은 동독으로 분단되어 원한의 38도선과 똑같은 17도선을 가지고 있다. 분단과정도 똑같은 세계강대국의 정세싸움속에 소련군이 2차 세계대전에 참전하면서 진군하여 점령했던 곳이 동독과 북한이었다.

동서분단과 전쟁 패배로 인해 기아와 헐벗은 상황에서 라인 강변의 모래를 씹으면서 세계정상의 경제 부국으로 성장한 서독이 부러웠다. 박정희 대통령 머릿속에는 항상 서독이 있었다.

"서독은 경제개발 7개년 계획을 성공시켜 부국이 됐다. 우리도 경제개발 5개년 계획으로 부국이 될 수 있을까?"

항상 마음속에 의문부호를 담아 두었다. 그러다가 직접 현지를 방문해서 눈으로 직접 확인하고 싶었다.

"각하, 서독의 교포 도움으로 탄광 광부와 병원 간호사 파견에 성공했습니다."

경제부처도 아닌 중앙정보부 김형욱 부장의 보고에 더욱 감동을 받았다. 한국은 대학을 졸업해도 일할 곳이 없어 길거리를 방황하는데 그 나라는 노동자가 부족해서 외

156

국에서 수입을 하다니 더욱 부러웠다.

"임자, 어떻게 인력 수출을 얻어 낼 수 있었던가요?"

수출이라면 신(神)으로 숭앙하여 부하라도 말을 존대하는 버릇이 있었다.

"소아마비로 불구의 몸이지만 열심히 노력해서 의사가 된 분이 있습니다. 이수길 박사가 바로 장본인입니다. 그분은 독일에서 신화적인 인물로 추앙을 받고 있습니다. 우연하게 만나 수출얘기가 나왔었지요. 한국인의 최고 가치는 수출이라고 했지요 그랬더니 한국상품으로는 서독에 수출할 것이 없다고 하더라고요 그래서 인력 수출은 가능하다고 했지요. 그랬더니 불구의 몸으로 동분서주해서 탄광 광부와 간호사 송출을 하자고 연락이 왔었습니다. 그런데 막상 광부와 간호사를 모집하고 보니 수십 대 일의 경쟁률을 보였습니다."

"지금 몇 명이나 송출하고 있는가요?"

"탄광 광부 2,000명 간호사 200명입니다."

"대단한 공로를 새웠어요."

앉았던 자리에서 벌떡 일어나 악수를 청했다. 박정희

대통령은 수출에 빠져 있었다. 무엇이던 수출이라면 잠을 자다가도 벌떡 일어났다. 탄광 광부와 간호사를 수입한 나라의 현장을 직접 보고서 차관도 얻어내고 번영의 현장을 보아야 직성이 풀릴 것 같았다. 외국 순방은 케네디 대통령을 만난것이 처음이다. 대통령이 자리를 떠날 수 없는 처지였다. 그럼에도 7만리 떨어진 지구 반대편의 서독 방문을 추진해서 성사시켜 냈다. 한번 보고 싶은 것은 수단과 방법을 가리지 않고 해내고야 마는 외고집이 있었다.

장기영 부총리겸 경제기획원 장관, 이동원 외무부장관, 박충훈 상공부장관, 이후락 비서실장 등 24명의 수행원과 함께 뤼브케 서독 대통령의 초청을 받아 출발했다.

두 번째 외국 방문 외교로서 그 당시로는 방대한 규모였다. 1964년 12월 6일 28시간 비행을 하여 본에 도착했다. 뤼브게 대통령과 정상회담을 하며 양국의 통상증진과 우의증진을 도모했다. 그러나 박정희 대통령이 만나보고 싶은 사람은 에르하르트 수상이었다. 그가 바로 경제개발7개년 계획을 수립했고 이를 실천해서 성공시킨 장본인이었다. 그는 관료출신이 아니었다. 기업인으로서 성공한 사람이었다. 찬바람이 날 정도로 침착하고 냉정한 사람이었다.

"꼭 만나보고 싶었습니다. 2차세계전에서 패배한 후 여러 가지로 어려웠을텐데 이렇게 성공하신 비결이 있습니까?"

"과찬의 말씀입니다. 서독에는 아무것도 없었습니다. 미국의 유럽재건 플랜에 의해서 코카콜라와 맥도날드 빵이 홍수처럼 쏟아져 들어 왔습니다. 그걸 모두 거절하고 비행기 폭격으로 무너진 건물 벽에 텐트를 치고서 기계를 돌렸지요. 못쓰는 기계를 수리하고 원료생산에 전력투구했지요. 그러니까 경제 부흥은 자본으로만 되는 것이 아니고 피와 눈물과 땀으로 이루어지는 것입니다. 지금 한국이 GNP 125달러라고 하던대 패전 후의 독일과 엇비슷합니다."

"우리는 1차 목표를 300달러로 세웠습니다만 가능할까요?"

"얼마든지 가능합니다. 국민들이 일치단결해서 호응해

쥐야 합니다. 서독과 한국은 유사한 공통점이 있습니다. 인적 자원이 풍부하다는 점과 국가분단으로 항상 긴장하고 있다는 점입니다. 또 하나 국민성이 부지런해요. 지금 서독에 와 있는 루르의 함보른 탄광과 뒤스부르크 에덴에 와 있는 탄광 광부와 간호사들이 무척 부지런합니다. 형편이 가능한 한 더 많은 인력을 수입할 계획입니다."

"앞으로 많은 지원과 협조를 부탁드리고 싶습니다."

"최선을 다해서 돕고 싶습니다. 나는 경험이 있기에 드리는 말씀입니다만 한국은 반드시 성공할 수 있으리라고 봅니다. 우수한 인재들이 많고 또 탁월한 지도자가 있으니 성공할 수 밖에 없지요."

1시간 40분에 걸친 대화에서 박정희 대통령은 자신감을 얻었다. 경제 재건에는 피와 눈물과 땀이 결정적인 요소라는 말에 수십억 달러를 얻어 낸 기분이었다. 장기영 부총리, 박충훈 상공, 이동원 외무등이 장시간 협의를 해서 4,000만 달러 차관을 약속받았다. 그것도 탄광 광부와 간호사가 매월 송금하는 마르크화를 담보로 한 것이었다. 돈에는 피와 눈물도 없었다.

서독 경제 부흥의 영웅 에르하르트 수상과 회담을 마친 후 곧바로 루르 탄광촌 함보른을 찾았다. 깊고 먼 오지 함보른에서 탄광 광부300여 명과 인근 도시 뒤스부르크와 에덴의 병원에 근무하는 한국인 간호사 50명이 모였다. 박정희 대통령은 이들을 만나는 순간부터 가슴이 뭉클했다. 돈을 벌어서 고국의 부모 형제에게 송금하러 이렇게 먼 땅에 와서 생사를 넘어야 하는 그들이 안타까웠다.

"여러분, 참으로 많은 고생을 하고 계십니다. 우리에게는 돈이 없고 자원도 없기에 이렇게 먼땅에 와서 피땀을 흘려야 하는 모습에 가슴이 저려 옵니다. 반드시 경제를 부흥시켜 우리의 후손들은 이러한 고생을 하지 않도록 경제 번영을 이룩하겠습니다."

말을 한 마디 내놓을 때마다 감동을 해서 그들도 눈에 이슬이 맺혔고, 박정희 대통령도 가슴이 메어져 왔다. 그러더니 광부들의 브라스 밴드단에서 애국가가 연주되어 함께 합창할 때는 눈물바다가 됐다.

누가 이 감동적인 눈물을 생각했던가. 일제 36년, 한국전쟁 3년, 분단 조국 사반세기가 만들어 낸 한민족만의 아픔이요. 슬픔이었다. 빈곤처럼 슬프고 서러운 것이 없다는 걸 모두는 공감했기에 눈물을 뿌렸던 것이다.

오직 경제 부흥만이 민족이 지향해야 할 최고 가치라는 것을 뼈아프게 느끼게 하는 장소가 되었다. 돈이라면 지옥에라도 가야 할 자세를 보여 준 것이다. 이들은 박정희 대통령에게 청출어람(靑出於藍)이 되고도 남았다.

차관을 받고, 라인 강변의 기적을 보고 그 기적을 일구어 낸 장본인을 만나고, 경제 개발 성공의 비결을 얻어낸 것보다 이들 탄광광부와 간호사가 보여 준 슬프디 슬픈 자화상이 더 박정희 대통령에게 깊은 인상을 남겨 주었다.

사나이의 눈물은 흔치 않다.

만주 벌판에서, 산야가 온통 피로 물든 전선에서, 살벌하게 상극의 싸움판 혁명에서 정서가 메마를 대로 메말라 있던 박정희 대통령의 눈에서 눈물을 보기란 쉽지 않다.

그 눈물이 세상을 바꿔 놓는다.

나치스의 군대가 파리에 입성해서 시가지 곳곳에 불을 질러 대던 모습을 보았던 드골 장군의 눈에서 눈물이 나왔다. 그때 흘렸던 눈물이 힘이 되어 연합군과 함께 파리를 다시 찾을 수 있었다.

왜군들이 진주성에 입성해서 마구잡이로 백성들을 칼로 찔러 죽이며 귀와 코를 베어가는 잔혹한 만행 소식을 접하고 이순신 제독은 눈물을 흘렸다.

그 눈물로 부서진 병선 13척으로 400여 척의 왜선을 맞아 노량 앞바다에서 철저하게 쳐부수는 완승의 용감함을 보여 줄 수 있었다.

북괴군의 물밀듯 쏟아져 몰려오는 모습을 한강 언덕에서 망원경으로 관찰했던 맥아더 장군의 눈에서는 서글픔이 느껴졌다.

그것이 인천상륙작전이라는 성동격서(聲東擊西)전법을 꽃피웠다. 70만의 대군을 한칼에 베어 버렸고 살아서 돌아간 북괴군은 극히 소수에 불과했다.

박정희 대통령의 루르의 함보른 탄광에서 흘렸던 눈물은 무엇을 가져왔을까?

경부고속도로 건설을 가져왔고, 울산 공업단지를 준공했으며 이땅에서 보릿고개를 없애 버렸다. GNP 125 달러에서 1만 달러의 선진국 대열에 올라서게 만들었다.

본에서 출발하여 루르, 뒤셀도르프, 베를린, 프랑크푸르트에 이르기까지 동분서주했다. 광부숙소를 방문했고 뒤스부르크의 데마코사의 공장, 베를린의 시멘트 공장을 돌아봤다.

여기서 보았던 것은 독일인들의 검소한 정신이었다. 공장에는 현대식 기계들이 돌아갔지만 사무실은 판잣집과 다름없이 초라했다.

'검소한 자에게 하늘에서 복을 내려 주고 있다.'

청와대를 비롯해서 종합청사, 중앙청, 경제기획원, 국세청, 병무청, 관세청 등 공공건물에는 어떠한 경우에도 시설투자를 하지 않고 누추한 대로 지냈던 것도 서독 방문에서 얻은 지혜였다.

오늘, 지방자치단체들이 거대한 빌딩을 짓고 그것도 부족해서 문화관, 보건소, 도서실 등 초호화 건물을 짓고 있다. 재정 자립도가 낮아 부채를 짊어지고서도 건설에 박차를 가하고 있다. 그 순간, 국가 부채는 역사상 초유의 300조 원을 넘어섰다. 그것이 성장 잠재력을 훼손시키고 실업자를 양산해 내고 있다는 사실을 아는 사람은 많지 않다. 국가 경영은 결국 자원 배분에 있다. 정부가 자원 배분을 공장 건설과 생산 설비에 집중하지 않고 엉뚱하게 건물이나 후생 설비에 쏟아 넣게 되면 그 나라는 병들게 된다.

요새 정부가 고실업, 저구매력, 저성장의 원인을 알아내지 못한다고 아우성이다. 수출증가율 최고, 시중 유동성 최고, 부채 비율 최저 등 갖가지 호조건임에도 불경기와 청년실업, 구매력 감소가 사회 문제로 번지고 있다.

왜 이러한 일이 벌어지고 있을까?

국가의 성장잠재력이 밑바닥으로 추락하고, 해외 이민이나 해외투자에만 열중하고 있는 이유는 정부의 자원배분이 잘못되어 있기 때문이다.

박정희 대통령은 스스로 배우고 파악해서 자기의 철학을 세우고 있다. 그런 의미에서 서독 방문은 아주 유익했다.

서독방문에서 배운것이라면 피와 눈물과 땀이면 무엇이든지 해낼 수 있다는 자신감이었다. 또 하나 깊은 감명을 받은 것이 히틀러가 축조한 전쟁용 도로였다 그는 전격전 (Blitze krieg)을 위해 고속화 도로를 만들었다. 이것을 수출물자 수송도로로 이용한다면 최상의 전략이었다.

"그래, 고속화도로로 서울과 부산을 연결시켜 1일생활권으로 만들자. 그럼 수출 3000억 달러까지 해낼 수 있어."

서독에서 차관으로 조달했던 돈으로 종자돈을 삼았다. 무(無)에서 유(有)를 창조해 내자면 돌파 밖에 없다. 사실상 박정희 대통령은 경부고속도로를 준공시켜 내면서 기적을 만들어 내고 있었다.

당장 경제규모가 달라졌다.

꿈틀거리기만 하던 경제가 살아서 달려가고 있었다. 국토의 가치를 변화시켰다. 5000년 동안, 잠만 자던 한민족의 기상을 달라지게 만들었다. 그는 전후의 독일인들 처럼 피와 눈물과 땀을 쏟아 냈다. 한국인 피속에 잠재해 있던 역동성이 살아났다.

경부고속도로가 뚫리면서 수출도 100억 달러를 숨가쁘게 돌파했다. 한국인 모두가 각자의 일터에서 해냈다는 자신감을 가지게 했다. 그것이 무서운 힘이었다. 영웅의 앞에는 항상 장애물이 나타난다. 그 장애물을 돌파했을때 영웅은 탄생한다.

지금부터 2500년전 한니발은 단숨에 유럽을 점령하고 싶었다. 그의 앞에는 만년설로 뒤덮혀 있는 알프스산맥이 가로 막혀 있었다. 그렇다고 해서 진격을 포기하는 것은 자존심을 상하게 했다. 병사들 앞에 나섰다. 오랜 전투를 하다보니 모두 지쳐 있었다. 그는 대단한 웅변가였다. 폭포수 처럼 토해내는 웅변을 듣고서 감화감동을 받곤 했다. 오늘도 마찬가지였다.

"병사들이여, 눈을 들어 우리 앞을 가로 막아서 있는 알프스산을 보라! 해발 4800메타의 위용을 자랑하고 있다. 마치 우리더러 도전하라고 손짓하고 있도다. 우리는 천리길을 달려 왔다. 이제 여기서 멈출 수 없다. 저 알프스만 넘으면 젖과 꿀이 흐르는 복지(福地)가 있다. 우리를 향해 손짓을 하고 있다. 지금까지 싸워서 이겼다. 우리에게는 비장의 무기가 있다. 바로 저 코끼리들이다. 저 충직한 코끼리는 우리더러 힘을 내라고 한다. 그들과 함께 그 복된

땅을 향해 전진하자. 그것이 우리가 해야할 소명이다. 신의 부름에 응하겠는가?"

"가고 싶소, 가겠소. 한니발 장군의 뜻이라면."

"나의 뜻이다!"

"갑시다!"

어디서 힘이 생겨난 것인지 병사들은 결의에 차 있었다. 3만 명에 달하는 대부대가 코끼리에 의지해서 알프스에 도전했다. 산이 3000메타에 달하면 그 산에는 신이 있기 마련이다. 도전자에 대해서 갖가지 방해와 시험을 한다. 폭풍이 몰아치기도 하고 바위가 굴르기도 한다. 갖가지 시련이 올때마다 희생자가 발생했다. 그럴때 마다 찾아드는 회의와 포기하고 싶은 유혹을 받게 된다.

"장군, 병사들은 지쳐 있습니다. 폭설로 해서 길이 사라졌습니다. 아마 10,000여 명이 희생됐습니다."

"그래서 어떻다는 것인가?"

"돌아 갔으면 합니다."

"뭐라고? 나의 사전에는 포기가 없다. 저 자를 당장 목을 베어랏!"

가혹한 형벌을 가했다. 그럴때 마다 병사들은 긴장하고 힘을 내어 알프스 정상을 향해 전진했다. 결국 넘어섰다.

한니발은 역사상 가장 위대한 장군으로 역사에 기록되어 있다. 그리고 코끼리를 타고 험준한 알프스를 넘었던 것이 전설로 되어 있다.

난관을 돌파할 수 있는 자도자라야 새 역사를 창조해 낸다. 온실속에서 성장한 인물은 새 역사창조와는 거리가 멀다.

건국이래 더 할 수 없는 위기에 처해 있다.

국론은 극우세력과 극좌파로 분열되어 첨예한 대립을 하고 있다. 여기에다가 신세대와 구세대 사이에 간격이 벌어져있다. 386 운동권 세력과 보수세력 사이에 아웅다웅이다.

옹졸한 노무현 대통령의 리더십으로 해서 더욱 계층간 충돌이 격화되고 있다. 심지어 국운의 향방을 결정할 미국과의 FTA협상을 놓고서도 협상과 포기 양론이 대립해 있다.

어느날 갑자기 떠오르고 있는 양극화 문제 역시 국민

모두를 헷갈리게 하고 있다. 너무 극단적으로 문제를 몰아 가다 보니 실제 양극화 문제가 실존하고 있는지, 아니면 5.31 지방선거를 앞두고 정략적으로 제기한 문제인지 알지 못하고 있다.

세계는 지금 무한경쟁을 하면서 상전벽해의 천지개벽이 벌어지고 있는데 부패하고 무능한 집권세력은 권력잔치판을 벌여 놓고 꿈인지 생시인지 분간을 못하고 있다.

이러한 난관을 극복하고 새 시대, 새 국가건설을 해낼 수 인물이 나와야 할 때인 것이다.

12. 꿈과 희망 그리고 용기를 가진 인물

1950년 6월25일 한국전쟁.

30만 대군으로 남침을 했던 북한군은 8월까지 남한 정복을 완료하기 위해 속도전을 전개하고 있었다.

북한군의 군수물자 수송거리가 길어지고, 유엔군이 제공권을 장악하고 있어서 밤을 이용해서 겨우 수송하고 있었다. 남한 국군은 낙동강 방어선을 구축하고 전력 대항하고 있었다. 그러나 낙동강 방어선이 무너질 위험에 처해 초조한 시간을 보내고 있었다. 이미 정부는 대구에서 부산으로 이전을 단행했다.

바로 이때 내무부장관 조병옥 박사는 「대구사수」를

선언하고 나섰다. 대단한 용기였고 결단이었다. 신성모 국방부장관은 일찌감치 부산으로 후퇴하면서 충고를 했다.

"조병옥 장관, 지금 사태가 심각하오. 이미 포항 저지선이 뚫렸고 영천, 안강, 왜관이 위기에 봉착해 있소. 이곳들이 돌파되면 대구는 고립됩니다. 무슨 병력으로 대구사수를 하겠다는 건가요?"

"대구가 돌파 당하면 부산방어가 불가능하오. 죽든지 살든지 대구에서 결판을 내야 합니다. 모두 후퇴하면 나 혼자라서도 대구를 지키겠소이다."

경찰 병력 1000여 명이 고작이었고 이들 경찰병력은 전투병력이 아니었다. 치안겸 경비병이었다. 소총으로 무장한 경찰병력이 인민군 정규군과 전투하기는 불가능 했다.

이들 경찰병력을 믿고서 대구사수를 선언했던 또다른 대안이 있어서 그랬던지간에 조병옥 내무부장관의 대구사수선언은 대단한 용기이며 결단이었다. 그 파장은 컸다. 방어진지의 국군은 결사항전이었다.

영천전투 전선을 방문하여 장병들에게 격려를 했다. 마침 사단장 유재홍 대령, 작전참모 박정희 중령이었다. 사

172

단 CP에서 전황 브리핑을 했다. 그 사이에 적의 포탄이 여기저기에서 작열했다. 그러나 눈 하나 까딱하지 않았다. 이 모습을 보고서 박정희 중령은 눈물을 흘렸다.

"아, 너무나 감사한 일이요. 신성모 국방부장관이 해야 할 일을 내무부장관이 하다니 감동적이구먼. 제2차 세계 대전때 적의 총탄과 포탄이 비오듯해도 전혀 엎드리지 않고 꼿꼿했던 영웅이 맥아더와 패튼이었는데 여기서는 벌써 3명이네. 유재흥 사단장, 조병옥 내무부장관, 박정희 작전참모가 꼿꼿하게 앉아 브리핑을 계속하고 있네. 느낌이 이번 전투는 꼭 승리할것 같아."

박정희 작전참모 예상대로 인민군 정예사단 8사단의 공격을 물리치고 유재흥 사단이 승리했다. 이웃에 위치한 안강전투에서도 국군 1사단이 승리했다. 왜관전투에서도 미군이 승리했고, 포항전투에서도 연합군이 승리했다.

대구사수는 성공했다.

여기서 낙동강 전투를 승리로 장식했고 유엔군의 반격작전이 시작됐었다. 맥아더 장군의 인천상륙작전이 성공해서 38선까지 무혈 추격을 했다. 인민군은 독안에 든 쥐가 되어 맥아더 장군의 「웻지 앤드 햄머」 작전이 성공했다. 대장간의 받침틀 위에 인민군을 올려놓고서 햄머 한 방으로 궤멸시키는 작전이었다. 이것은 그리스 신화에 나오는 이야기를 작전개념화한 것으로 제2차 세계대전에서도 실험해 보지 못했던 전투였다.

나라가 위기에 처해 있을 때 흔연히 몸을 던져 나라를 위기에서 구하고자 하는 용기를 갖은 인물이 있어야 한다.

신라와 백제 전쟁을 할 때 황산벌에서 전투가 있었다. 백제군은 계백장군이 진두지휘했다. 계백장군은 신라군과 싸워서 백전백승을 했던 명장이었다. 몇 차례 공격을 했으나 번번히 실패했다. 계백장군은 일절 공격을 하지 않고 성안에서 움츠리고 앉아 버텼다. 김유신 장군은 뾰죽수가 없었다. 이때 화랑 소년 관창이 나섰다.

"장군, 제가 적진으로 뛰어 들겠습니다."

"관창, 넌 너무 어리다."

"나라를 위하는 일에 나이가 무슨 필요가 있겠습니까? 허락하여 주십시오."

"그럼 나라를 위해 헌신하여 다오."

그는 창을 꽂아 들고서 적진을 향해 쏜살같이 달려 갔다. 계백장군은 깜짝 놀랐다. 철벽 수비를 하고 있는 진지를 향해 달려오고 있는 적군이 있었다. 자세히 보니 15세쯤 되어 보이는 소년이었다. 병사 한 사람을 보내 싸우게 했다. 단 한 차례의 격돌로 소년의 창을 떨어 뜨렸다. 생포가 됐다. 그러나 그는 당당했다. 신라와의 수없는 싸움에서 경험하지 못했던 일이었다.

"이름이 뭐냐?"

"화랑 관창이오."

"뭣하러 왔느냐?"

"계백 장군의 목을 베러 왔소이다."

"넌, 아직 어려. 어머니 젖을 더 먹고 오너라."

대장군 계백은 신라군의 술수라 보고서 즉시 돌려 보냈다. 관창은 손이 묶인 채 신라진영으로 돌아 왔다. 그리고 다시 창을 들고 나타났다. 몇 차례 반복되자 계백 장군은 처형해 버렸다. 이 광경을 목격한 신라군은 분노하여 파도처럼 몰려왔다. 드디어 백제군의 진지를 돌파하여 승리를 하고 백제를 정복했다.

한국역사에 기록된 관창 소년의 무용담이다.

나라가 위기에 처하게 되면 자기 한 몸을 던져 나서는 용기가 지도자의 덕목이다.

태능 육군사관학교 교정에 동상이 하나 서있다. 늠름한 기상이 육군사관학교 생도들에게 나라사랑의 정신을 심어주고 있다.

바로 강재구 소령의 동상이다.

사병 훈련장에서 수류탄을 잘못 던져 많은 사병들이 모여 있는 곳에 떨어졌다. 위기의 순간이었다. 안전핀이 뽑혀 있는 수류탄을 처치하는 방법이 없었다.

그 위기의 순간에 강재구 소령은 몸을 던졌다. 수류탄을 몸으로 덮쳤다.

꽝 폭발하는 순간, 강재구 소령의 몸은 산산 조각이 났다. 그 대신 사병들은 무사했다. 그의 희생과 용기로 많은 부하 사병의 목숨을 구해냈다. 비록 그는 이 세상을 떠났지만 그의 부하사랑과 나라사랑 정신은 살아 있다. 그의 정신은 60만 대군의 정신이 되었다.

이순신 성웅이 왜군과 전쟁을 할때 가슴에 품고 있던 한 마디가 있다.

「생즉사, 사즉생(生卽死, 死卽生) 살려하면 죽고, 죽을 각오면 살아남는다」

나라를 위해 죽기로 마음먹으면 살고, 나 혼자 살아 보려면 죽는다고 했다. 명량해전에서 부셔진 배 12척으로 왜군 400척과 싸워 당당하게 승리할 수 있었던 것은 이순신 성웅의 학익진전법도 있었지만 장병 모두가 죽기로 마음먹고 용전분투했던 정신이 승리를 가져다주었던 것이다.

우리는 역사상, 수 없는 경험을 했다. 비록 역사이기는 해도 그 정신이 국민의 정신에 스며져 있다.

월남전중 짜빈둥 전투는 세계전사에 기록되어 있다. 한국군 1개 소대와 베트남 정규사단과 6일간 전투를 했다. 베트콩은 한국군의 사기를 꺾어 놓기 위해 많은 희생을 각오하고 벌렸던 전투였다. 그들은 한국군의 「생즉사 사즉생」 정신전통을 모르고 있었다. 300고지에 축조되어 있는 한국군 진지를 향해 인해전술을 구사하고 있었다. 한국군 수비대는 일체 응전을 하지 않고 침묵하고 있었다. 그러자 한 밤중, 공격을 개시했다.

"1개 소대와 1개 사단의 전투."

전쟁에는 항상 의외의 기적이 존재한다. 이곳에서 기적이 일어나게 될 줄이야 아무도 생각해내지 못했다.

"포진지, 포진지, 300고지에 포격하라!"

자폭 전술이었다. 개미떼처럼 몰려들고 있는 적을 향해 무차별 포격이 가해졌다. 한국군은 모두 죽기로 각오한 전술이었다. 진지속에서 음폐와 엄폐를 하고 있는 한국군, 지상에 노출되어 있는 베트콩.

집중포화에서 희생자는 비교가 되지 않았다. 적은 전멸에 가까웠다. 시체가 산더미처럼 쌓였다. 그래도 베트콩들은 공격해 왔다. 짜빈둥 전투는 이미 승패가 결정되어 있었다. 6일간에 걸쳐 계속된 전투에서 베트콩은 3000여 명의 희생자가 났고 한국군 10여 명의 희생자가 발생했을 뿐이었다.

이 전투 이후, 베트콩의 공격은 달라져 있었다. 한국군에 대해 연대 규모의 전투는 사라졌다.

짜빈둥 전투의 기본은 자기희생이었다. 이와같은 자기희생 정신은 이순신 성웅에 의해서 내려오는 전통이었다.

지도자는 자기희생의 용기가 있어야 한다.

박정희 대통령은 이순신의 정신을 가장 존경했다. 그는 5.16 군사혁명이 성공하고 대통령에 당선된 후, 제일 먼저 이순신 성웅의 온양 생가를 방문했다. 직접 설계하고 도면을 그려서 생가복원은 물론이고 성지화를 했다. 그리고 광화문 복판에 이순신 성웅의 동상을 건립했다. 항상 그의 가르침과 정신으로 세상을 살아가면서 사숙(私淑)을 했다.

박정희 대통령이 역사에 남는 「조국 근대화와 민족중흥」을 이룩한 것은 이순신 성웅의 정신에 있었다.

항상 국민에게 꿈과 희망을 가지게 했던 것 역시 이순신 성웅의 행적이었다. 32세의 나이로 무과 별시에 합격해서 군인이 됐다. 그는 북방 6진으로 발령을 받았다. 그곳에서 장교로 근무하면서 항상 정정당당했다. 적과의 싸움에서 허무하게 패배했던 일도 있고 그로인해서 강등을 당했던 때도 있었다. 그러나 항상 병서(兵書)를 탐독하고 병술을 고안해 내면서 언젠가 자기에게 주어질 임무에 대비했다.

유비무환(有備無患)이라는 말을 되뇌이면서 항상 준비를 했다. 거북선도 이때 제작해 두었다.

임진왜란 7년 전쟁이 벌어지자, 국왕 선조와 국민들은 실망했다. 하늘처럼 믿고 있었던 신립 장군이 허망하게 패해 8000병사와 함께 전원 전사했다. 왜군들은 부산항에 상륙한지 26일 만에 한성(서울)을 점령했다. 선조 임금은 임진강을 건너 평양으로 줄행랑을 쳤다.

온 국민들은 희망을 잃어 버렸다. 더 이상 바랠것이 없어졌다. 낙망속에 파묻혀 절망했다.

바로 이때 조선에는 무적의 해군이 있소이다하면서 국민에게 꿈과 희망을 가지게 했다.

박정희 대통령은 바로 이 사실에 감동을 했다. 국민에게 꿈과 희망을 주는 일이 지도자의 덕목이다. 그가 5.16 군사혁명에 성공하자 곧바로 경제기획원을 신설하고서 「경제개발5개년계획서」를 만들었다.

당시 한국에는 경제개발 계획서를 만들어 보았던 일도

180

없었고 만들 줄 알고 있는 사람도 없었다. 한국은행, 산업 은행 조사부 요원들이 겨우 경제통계를 작성하고 있었을 뿐이었다.

그럼에도 경제개발 5개년계획서를 작성하도록 명령을 했다. 일부 관료들이 일본과 미국의 경제개발계획서를 입수해 모방으로 만들어냈다.

왜 경제개발5개년계획을 만들었을까?

바로 국민에게 꿈과 희망을 주기 위해서 였다. 그것이 지도자의 덕목이라는 것을 박정희 대통령은 알고 있었다.

통치의 본질이 국민의 호주머니를 두둑하게 해주는 일이라는 것을 파악하고 있었다. 일본의 역사를 잘 알고 있었다. 일본 역사에서 3인의 영웅이 있다. 오다 노부가나, 도요도미 히데요시, 도꾸가와 이에야스 3인 가운데 오다 노부나가를 주시했다. 그는 일본을 통일했던 영웅이기도 했지만 통치술의 달인이었다.

"통치자는 국민의 호주머니를 두둑하게 해주어야 한다. 그것이 전부다."

이 말을 실천하기 위해 조국근대화와 민족중흥에 전력

투구했다. 그것이 성공하여 반듯한 대한민국을 만들어 놓았다.

지금 대한민국은 무너져 가고 있다. 또 난세다.

이때에 필요한 인물은 국민에게 꿈과 희망 그리고 용기를 북돋아 줄 수 있는 인물이어야 한다.

13. 국민을 사랑하는 인물

국민을 진짜 사랑했던 지도자를 가져봤던 일이 있었던 가?

세종대왕께서 국민들이 한문이 어려워 글을 깨우치는데 고통받고 있음을 생각하셔서 한글을 창제했다는 말에 모두가 공감한다. 평생 공부를 해도 한문의 난해함을 깨우치기 어렵다. 그러한 사정을 아시고서 한글을 만들었던 것은 눈물이 나도록 감사한 일이다. 세종대왕은 진짜로 국민을 사랑했던 임금이었다.

박정희 대통령이 농촌 태생이어서 보리고개의 고난을 겪었고 최고 지도자가 되어 보리고개를 극복하기 의해 뼈를 깎는 노력을 기울였다.

우선 농촌진흥청을 만들고 이곳에서 쌀생산 250만 석을 350만 석으로 40% 증산을 할 수 있도록 했다.

첫째 품종개량

둘째 비료와 농약개선

셋째 재배방법 개선

이 세가지를 위해 밤낮으로 노력했다. 40% 증산에 성공하면 보리고개 3월에서 5월까지 3개월 사이의 식량을 충족시킬 수 있다는 계산이 나온다. 우수한 인재 400명이 동원되어 4년만에 목표달성을 해냈다. 바로 500년에걸쳐 온 산하와 온 백성을 괴롭혔던 보리고개(端境期)를 퇴치시켰다.

매서운 추위가 물러가고 봄이 오면 지난해 추수기의 쌀이 떨어진다. 쌀을 대신할 보리와 밀은 6월이 돼야 소출이 된다. 이 3개월 동안, 온 국민이 갖가지 지혜를 발휘한다.

첫째로 하루 세 끼니를 두 끼니로 줄인다. 아침, 점심, 저녁 세 차례 식사를 아침과 저녁으로 줄인다.

두 번째로 부족한 식량을 충당하기 위해 봄에 채취되는 쑥, 고사리, 냉이 등 나물에 약간의 곡기를 넣어 죽을 쑤어 마신다. 영양은 아예 생각조차 하지 못하고 위장의 허기를 충족시킨다. 때로는 소나무 껍질과 목질 사이의 껍질을 해취해서 먹기도 한다.

세 번째로 단식으로 버티어 낸다.

며칠째 굶주리게 되면 얼굴이 붓고 기력을 잃어버리게 된다. 더러 허약한 체질의 사람들은 죽음에 이르게 된다.

한국인들이 느끼는 최악의 고통은 보리고개때의 배고픔이다. 세상에서 느끼게 되는 고통이 여러 가지 있겠지만 배고픔의 고통이 제일 고통스럽다.

이러한 고통을 뼈저리게 체험했던 박정희 대통령은 통치의 제일 우선순위를 보리고개 퇴치에 두었다.

박정희 대통령은 5학년때 이런 일이 있었다. 그의 집 상모리에서 초등학교가 위치해 있는 구미까지 20리길이었다. 그렇게 먼 길을 다녀온 소년은 부엌에서 바가지에 밥을 비벼 드시고 있는 어머니와 마주쳤다. 무척 배가 고팠던 그에게 불쑥 말씀하시었다.

"애야. 비듬 나물 먹어 보렴."

논두렁에서 자라고 있는 비듬 나물을 뜯어다가 참깨기름을 쳐서 밥과 비벼 주셨다.

아, 맛있다!

꿀맛을 느꼈다. 그 흔하디흔한 비듬나물이 그렇게 맛이 있었다. 청와대 밥상에 자주 비듬 나물이 올라오고 있었다.

이렇게 배고픔을 체험하면서 성장했기에 대통령이 되면서 보리고개를 퇴치하기 위해서 혼신의 힘을 쏟았던 것이다.

이것이 지도자의 국민에 대한 사랑이다.

민족지상 국가지상을 최고의 가치로 생각하면서 독립운동을 하던 이범석 장군의 국민사랑은 많은 사람들을 감동시킨다.

"해외를 전전 유랑하는 수십년동안에 갈길 아득한 고국이 그리워 미칠듯이 날뛰던 나, 1945년 나는 연합군과 함께 어깨를 나란히 조선 상륙작전을 진행시키고 있을때,

진남포와 인천 항구에 직접 상륙을 감행할 계획을 세웠다.

물론 우리의 배가 바다위에 나타나기도 전에 적의 대포알은 우리를 향해 비오듯이 퍼부었을 것이다. 배는 콩가루 같이 부서지고 나의 피는 온 바다에 뿌려지고 나의 몸뚱이는 산산이 찢어졌을 것이다. 그러나 나는 나의 혼과 정열이 능히 한점의 고기 덩이를 내 나라, 내 땅위에 던질 것을 확신하였다. 그 고기에 조선의 쉬파리가 쓸고 조선의 구더기가 낄지라도 나는 나의 육체의 일부가 분명히 조국 땅위에 닿았다는 것만으로 만족하려 하였건만 모든 계획은 틀어지고 원하던 죽음조차 못 얻어 비통하게도 산 체로 외인 지배하의 조국에 돌아오니, 조상의 피땀 고인 산하는 객군(客軍)의 군화에 짓밟히고 반만년의 자랑스러운 문화의 빛은 땅에 떨어지고 민족의 품격과 도덕은 극도로 파멸, 추락하여 민생은 도탄고경에 빠지고 말았다.

그러나 열 번 잘못되어도 제 나라를 찾고, 백번 미워도 내 민족이 그리운 것이 안타까운 우리의 숙명이거든 조선 땅과 조선 사람을 떠나서 우리가 또 무엇을 운위할 수 있는가, 무엇을 생각할 수 있겠는가."

이범석 장군의 글 「민족과 청년」의 일부분이다. 그의 나라 사랑과 국민 사랑이 어떤 것인가를 느끼게 해주고 있다. 그의 열정과 애국애족이 그러한 것이었기에 청산리 전투에서 일본 정규군 1개 연대를 격파했다.

독립군은 1800여 명으로 소총 500정, 수류탄 1000여 발, 박격포 6문 가운데 고장 2문으로 실제 사용은 4문, 기관총 12문.

사실상 일본군과 전투력에서 비교가 안되었다. 그러나 전투 결과는 일본군의 참패로 나타났다. 일본군 전사 1200명 부상 2200 명인데 반해서 독립군은 전사 130 명, 부상 220 명이었다.

일본군은 왜 참패한 것일까?

독립군이 유리한 지형에서 매복을 했고 일본군은 불리한 지형에서 완전 노출이 됐다. 독립군은 정조준 사격을 했고 일본군은 독립군의 위치를 파악하지 못한 상태에서 응사를 했다. 일본군의 참패는 어쩔 수 없었다.

이범석 장군의 국가지상, 민족지상의 신념은 백전백승

의 기백을 지니게 하고도 남음이 있었다.

성공한 지도자들의 공통점은 국민을 사랑했고 그 사랑이 성공의 원천이었다.

한편 실패한 지도자는 어떠했나?

실패한 대통령 김대중, 노무현을 보면 이들의 나라 사랑과 국민 사랑은 모두 거짓말이었다. 이들은 툭하면 나라 사랑이고 국민 사랑이다. 그러나 실제로는 나라와 국민에게 막대한 피해를 끼치고 있고 궤변만 있을 뿐이었다.

북한과 손을 잡고 무엇을 하겠다는 것인가?

북한 주민들은 배고픔으로 생지옥에서 살고 있는데 반해, 집권층은 지상 최대의 호사를 즐기고 있다. 이들 집권층과 손을 잡고서 우리끼리, 민족끼리를 아무리 외쳐댔자 그것은 비극일 뿐이다.

소위 히틀러식 애국과 애족은 사실상 위선이며 속임수였었다. 그의 주변에는 요제프 괴벨스와 같은 극악스런 선동가들뿐이었다. 그들은 오직 1인 히틀러만이 있었다.

"위대한 독일 국민이시여, 독일 국민은 신의 가호아래

지상 최고의 국민이십니다. 우리는 세계를 향해 일어서야 합니다. 우리만이 신의 뜻을 이룰 수 있습니다. 우리의 뜻에 거역하는 국가는 벌을 받아 마땅합니다. 우리의 적은 엄중하게 응징을 받아야 합니다."

괴벨스는 히틀러가 지상의 왕이 될 모든 덕목을 갖춘 위대한 지도자라며 선동을 일삼았다. 그의 선동에 도취되어 히틀러는 자신이 무엇이든 해도 된다는 착각속에 빠졌다. 국민을 속이는 거짓말을 자신있게 확신을 가지고 반복하면 국민은 거짓말을 진실이라 믿게 된다는 사실을 알아 냈다. 그러면서 여자 영화감독 리펜스탈에게 히틀러 선전 기록영화를 제작하게 한다. 광란의 시대가 열리게 됐다.

이때부터 이들은 국민을 증오하게 된다. 거짓말 하는 지도자의 비극이다. 홀로코스트를 하면서도 죄악감을 느끼지 못했다.

히틀러와 괴벨스는 자살을 함으로써 생을 마감했지만 인류에게 무서운 경종이 되었다.

모두가 국민을 사랑하지 못했던 죄과였다. 지도자는 의

당 국민을 사랑해야 한다.

입으로는 국민을 위한다면서 뒤로는 도둑질과 음모를 꾸미는 지도자는 양진의 사지(四知)에 의해 그 정체가 탄로나게 된다. 도둑질과 음모는 하늘과 땅이 응징을 한다.

"바보 같은 소리하네. 난 이미 꼭꼭 숨겨 놓았어. 그리고 세월이 지났다네."

이렇게 비아냥대고 있을 것이다. 그 비아냥이 어리석은 것이다. 도둑질과 음모는 국민을 사랑할 수 없는 인간 말짜들이 범하는 죄악이다.

역동성있게 힘찬 전진을 해야 할 나라가 어찌하여 아시아에서 제일 꼴찌로 밀리고 있을까?

지도자가 국민을 사랑하지 않고 있기 때문이다. 노무현 대통령이 국민을 사랑하지 않고 있기 때문에 갈등의 정치를 하고 있다. 항상 가난한 자와 부자, 강남과 강북, 서울대와 비서울대, 친일파와 애국자, 좌파와 우파, 친북파와 극우파 등 끝없는 갈등을 유발시키고 있다.

당파 싸움이 무려 500여년 지속됐던 나라여서 갈등과 분열에 익숙한 국민이다. 그 분열의 성향을 이용하여 밤낮으로 분열을 부추기는 지도자는 국민을 사랑하지 않고 있거나 국민을 사랑할 줄 모르는 지도자다. 그래서 노무현을 지지하는 국민이 20%대에 머물고 있다.

국민은 현명하다.

9중 궁궐과 같은 청와대에서 벌어지고 있는 일을 손바닥 보듯 잘 알고 있다. 386운동권 사람들로 채워진 청와대 사람들이 엉망진창 판을 벌리고 있다는 사실을 알고 있다. 아내를 목졸라 죽인 살인자가 있는가 하면 술 취해 자동차를 몰다가 사고 친 비서가 있다. 그런가하면 사기범과 함께 정부기관에 이권청탁을 하다 기소된 행정관이 있다.

건국이래 처음 있는 일들이다.

왜 이런 일이 벌어지고 있는 것일까?

이것이 노무현 대통령의 한계다. 중국 5000년 역사에서 장돌뱅이가 정권을 잡고 나라를 세워 왕조를 건설한 인물이 있다.

유방이다.

그는 일찍이 부모를 여의고 승려의 품속에 안겼다. 여

기서 황건적의 난에 휩쓸려 두목 곽가의 부하가 되기도 했고 장터를 돌아다니면서 장사를 하는 장돌뱅이도 했다. 그러나 천하제일의 참모와 장수들을 만나 천하통일을 했다.

장량, 한신, 소하 등은 대단한 인재요 천하통일의 일등공신이었다. 그러나 한나라를 건국하면서 이들 모두를 버렸다. 천하통일의 최대 장애물 항우장사를 혜하 전투에서 대승을 일구어 냈던 한신 장수를 역모로 몰아 처형까지 했다.

왜 그랬을까?

유방은 천하통일의 일꾼과 이상 국가건설의 일꾼이 다르다는 사실을 알고 있었다. 중국 5000년 역사에서 가장 오래 국가가 유지됐고, 찬란한 문화를 창출했던 나라였던 한나라 창건을 해냈다.

무엇이 그로하여금 그러한 업적을 역사에 남겼던가?

바로 인사였다. 대권은 하늘이 내려준다는 천명(天命)과 대명(大命)사상이 유방으로 하여금 인사가 만사라는 생각을 하게 됐다.

유방은 그릇이 큰 사람이었다.

인재가 나타나면 자기의 모든 것을 바쳤다. 그러나 시대가 바뀌면 그 시대에 맞는 인재를 맞아 들였다. 그것이 한(漢)이라고 하는 대국을 건설하게 만들었다.

그러나 노무현은 어떤가?

재야시절, 대통령 입후보시절에 그를 따르고 후원했던 인사, 전부에게 한 자리씩 주고 있는 특혜인사, 은혜인사, 보상인사를 하고 있다.

대통령은 자기가 추천하고 임명하는 자리가 3000여 개가 된다. 그러나 이것도 부족해서 대통령 자문 위원회를 만들어 위원회공화국이라는 비판을 받고 있다. 또 국영기업체 임직원으로 발령을 남발하고 있다. 자신과 코드가 맞는 사람이면 앞뒤 가리지 않고 임명하고 있다.

이러다 보니 공무원이 3만여 명 증원 됐고 재정은 거덜이 났다.

시대의 패러다임은 국영기업을 민영화 시키고 국가기구를 줄여 「작은 정부」 지향이다.

그러나 노무현은 거꾸로 가고 있다.

자꾸만 엉터리 궤변만 늘어놓고 있다.

IMF회원국 가운데서 세금부과율이 제일 낮다는 주장을 한다.

나라 망할 일이다. 국가채무가 눈덩이처럼 불어나고 있다.

김영삼 대통령 시절 48억 달러였던 것이 김대중 때 148억 달러 노무현 3년에 300억 달러가 됐다. 국가채무가 300억 달러를 넘어서면 나라 망하는 소리가 여기저기서 들리게 된다.

매년 국가부채에 대한 이자가 20억 달러가 되고 이자를 갚기 위해 또다시 국가채무가 늘어나게 된다. 국가부채는 눈덩이처럼 불어난다.

남미의 아르헨티나, 브라질 그리고 극동의 필리핀이 국가채무로 해서 망했다.

300억 달러가 넘어 서게 되면 채권국가들이 긴장을 한다. 그러면서 이자율을 높이게 된다. 또 국가채무가 폭증하게 된다.

참으로 노무현 대통령은 국민을 사랑할 줄 모르는 인물

이다. 한국인들은 술에 취했던 것인지, 아니면 노무현의
혼돈수에 속았던 것인지 한국의 불행이 눈에 보이고 있
다.

14. 영혼이 맑은 인물

　명군(名君)과 영웅은 우연하게 탄생하는 것일까?

　사마천의 사기(史記)가운데 전설처럼 아름다운 얘기가 있다. 즉 주나라 창업에 나섰던 서백창과 여상(태공망)의 만남에 관한 기록이다.

　서백창은 건실한 사람이다. 덕망이 있고 인격을 갖췄다. 눈만 뜨면 국민을 위해서 무엇을 해야할까 하고 궁리를 했다. 그의 눈에는 온통 국민을 위한 것만 보였다. 항상 마음과 영혼을 저높은 곳 하늘을 향하고 있었다.

　한마디로 영혼이 맑은 사람이었다.

　그가 민정을 살펴보기 위해 말을 타고 위수 강변을 가

다가 백발의 여상을 보게 됐다. 70세는 훨씬 넘어 보이는데 어찌된 일인지 자꾸만 끌리는 것이었다. 마치 쇠붙이가 자석에 끌리는 모습이었다. 말에서 내려 노인의 곁으로 갔다.

"노인, 고기가 잡히던 가요?"

"고기는 무슨 고기겠소. 그저 곧은 낚시일 뿐이오."

"곧은 낚시라니요?"

"난, 고기를 낚는 것이 아니고 세월을 낚고 있을뿐이오."

"아, 노인, 뉘시지요?"

"허허, 낚시를 드리우고 있으니 강태공망이라 불러 주시오."

서백창은 머리에 떠오르는 사람이 있었다. 치산치수 사업을 선대께서 하고 있을 때 높은 학문과 견식으로 도와 주었던 강여상이다. 무조건 엎드려 인사를 올렸다.

"저는 서백창이라 합니다. 노인께서 저를 도와 주셔야 할 때가 되었다고 사료 됩니다."

"좋소, 서백창의 얼굴을 보니 영혼이 맑은 분이시구려."

훗날 무왕에 오르게 된 주공단과 여상은 이렇게 만나 새 나라를 건설한다. 사기의 저자 사마천이 탄생하기 400여년전의 역사였다. 그러나 사마천은 두 사람의 만남이 역사창조의 공식으로 믿었다. 그래서 여러 가지로 두 사람의 만남을 예찬하고 있다.

두 사람은 어떻게 만났을까? 사마천의 사기가 전부일까?

중국 역사에서 건국비사가 되고 있는 주공단과 여상의 만남은 두 사람의 맑고 선한 영혼끼리의 만남이었던 것이다. 역사상 가장 위대한 나라 창업자 이세민과 최고의 참모 방현령과 두여휘의 만남은 너무 아름다운 것이었다.

19세의 전쟁 천재 이세민이 지방왕이 됐다. 40세의 방헌령은 습성현의 지방경찰청장이었다. 지방순시차 내려오게 된 이세민을 면회했다.

아, 이 어찌된 일일까?

두 사람은 아버지와 아들 나이여서 세대차가 있었음에도 오래전에 사귀었던 사이처럼 너무 다정다감했다.

"무슨 일이시오?"

"지방에 오셨다는 소식 듣고 인사차 왔습니다."

"잘 오셨소. 이렇게 만나게 되니 너무 기쁘오."

"지방순시중 불편하셨던 일은 없으셨는지요?"

"없었구요. 아주 유익하였습니다. 지방마다 백성들의 삶을 살펴볼 기회가 되기도 했죠."

"기쁜 일입니다. 앞으로 황제의 용상에 오르실 분이시니, 이때가 아니면 언제 그런 체험을 하시겠습니까요."

이세민을 수행하고 있던 관리들은 모두 이상하게 생각했다. 생면부지의 두 사람이 10년만에 만나는 친지처럼 얘기를 나누고 있으니 이상하게 여겼다. 그러나 영웅은 예감이 뛰어난 법이다. 앞으로 일어나게 될 일을 알고 있다. 이세민은 첫 대면에서 방현령의 인품을 알아보고 그 자리에서 비서실장으로 발령을 내렸다.

두 여휘는 이세민 보다 15세 연상이었다. 위나라 경찰청장이었는데 훌쩍 이세민 편으로 넘어와 자수를 했다. 얼마 있지 않아 이세민은 위를 정복했다. 위의 관리들을 지방으로 이동배치를 시켰다. 두 여휘 역시 그들 틈에 끼여 이동대상이 됐다.

크게 낙담하고서 있는데 긴급 특별배치 인사가 있었다. 거기에 자기가 끼여 있으리라고는 전혀 예상하지 못했었다.

아, 이것이 어찌된 일인가?

두 여휘가 끼여 있었다. 천우신조로 생각했다. 그러나 그의 일하는 모습을 이세민과 방현령이 예리하게 관찰하고 있었다.

"각하, 두 여휘는 잡아 두셔야 합니다."

"뭐라구? 두여휘?"

"그렇습니다. 각하께서는 언젠가 황제가 되셔야할 분이십니다. 그땐 두여휘가 필요하실겁니다."

"옳으신 말씀이오. 나도 그를 깊이 관찰하고 있었소. 그런데 깜박 잊고 있었오. 그를 나의 곁으로 데려 오시죠."

참으로 신기한 일이었다. 눈코 뜰사이 없이 바쁜 나날을 보내고 있는 이세민이 외청에서 일하고 있는 두 여휘를 어떻게 관찰하고 있었을까?

이세민, 방현령, 두여휘 세 사람은 영감으로 통하는 사람이었다. 훗날 당나라를 창업해서 중국 5000년 역사상 가장 위대한 역사를 남겼다. 이세민이 정관의 치세로 무수한 업적을 남겼던 것은 그들의 영혼이 맑고 밝았기에 만났던 사람들이었다.

역사에 남는 위업을 남기는 현명한 인물은 보통 사람과 다르다.

무엇이 다른가?

남이 갖지 못한 맑은 영혼을 지니게 되면 하늘이 축복을 내려 주게 된다. 하늘의 축복을 받게 되면 국가와 국민에게 대업을 성취하게 된다.

박정희 소장이 부산군수기지 사령관으로 있었을 때 일이다.

군은 명령에 살고 명령에 죽는다.

백마고지 전투에서 14차례 빼앗고 빼앗기는 상황이 벌어졌다. 1개 중대가 공격과 방어에 나섰다가 백마고지를 빼앗기고 살아서 돌아오는 장병이 겨우 10여 명뿐이었다. 120명에서 겨우 10분의 1정도 살아서 돌아왔다.

왜 그랬을까? 고지를 점령할 때 이미 3할쯤 전사한다. 총 끝에 꽂혀 있는 대검으로 찌르면서 이마를 맞대고 싸우는 육박전에서 이겨 고지를 빼앗았다. 그후, 곧바로 적군의 공격이 시작된다. 적군은 개미 떼처럼 까맣게 몰려온다. 이때 백마고지에서 연대장에게 알린다.

"포사격 지원을 요청합니다!"

아군과 적군이 뒤섞여 있는 고지를 향해 박격포 공격을 한다. 사실은 박격포 공격 때 적군도 죽어 가지만 아군도 피해를 입는다. 그러나 방어용 참호 안에 있는 아군보다 노출되어 있는 적군이 더 많은 피해를 당한다. 모두가 죽임을 당하는 옥쇄 작전이다.

얼마나 포격이 격심했던지 백마고지는 민둥산이 됐고 고지의 정상이 깎여져 산의 높이가 낮아졌다. 백마고지는 전쟁터가 아니라 살육의 장이었다.

바로 그 살육의 장으로 공격팀을 이끌고 백마고지 점령 공격명령이 내리면 공격에 나서야 하는 것이 군인이다. 사실상 죽음의 골짜기로 들어가는 것이다. 이것이 군인이요 한국군의 전통이다. 정확하게 표현하면 군에서 위계질서는 생명이다. 박정희 소장은 군의 위계질서를 허물어 버리는 일을 저질렀다. 바로 육군 참모총장 송요찬 대장에게 사퇴를 권고하는 편지를 보낸 것이다. 한국군 역사상 전무후무한 사건이다.

1960년 5월2일, 부관 손영길 대위는 L19 비행기를 타고서 직접 박정희 소장의 편지를 송요찬 대장에게 전달했다. 무슨 편지이길래 L19 비행기까지 동원해서 부관이 직접 전달했을까? 편지를 받은 송요찬 대장은 거구를 부들부들 떨면서 무섭게 대노했다.

"이놈의 자식, 빨갱이 놈을 당장 죽여 버리겠어. 이런 배은망덕한 놈이 있어 응!"

최영희 계엄사령부 부사령관이 민망한 얼굴이 되어 거들었다.

"무슨 편지입니까?"

"글쎄, 박정희 소장 그놈이 죽으려고 환장했어요. 당장 내려가서 이 녀석을 손 좀 봐 주시오."

"무슨 일이신데 그러십니까?"

"나더러 물러나라고 헛소리하고 있어요. 말이나 되는 일입니까?"

송요찬 대장은 지혜가 있는 장수가 못 됐다. 우직하고

성격이 불같이 화급한 사람이었다. 자기 얼굴에 침 뱉는 줄 모르고 있다. 그의 입으로 자기의 신상에 관한 애기를 함으로써 전군에 그 사실이 알려지게 된다는 사실을 모르고 있었다. 지혜 있는 지장(智將)이었더라면 자기 마음속으로만 담아 두고 차근차근하게 처리했을 일이었다. 그러나 그 충격을 참아내지 못하고 최영희 중장을 부산으로 내려보내 현장 여론을 청취하는가 하면, 유관기관으로부터 박정희 군수기지 사령관에 관한 민심 동향에 대해서 조사에 나섰다.

"부정이 있는가?"

"군수물자를 빼돌려 팔아먹던 사건이 비일비재 했었는데 요사이는 발본색원 됐습니다. 아주 깨끗해졌습니다."

"박정희 소장에 대한 여론은 어떤가요?"

"일본 조총련으로부터 2억 환을 받았다는 소문이 있었습니다만 허무맹랑한 낭설이었음이 밝혀지고 그런 헛소문을 퍼뜨렸던 자도 체포되었습니다. 그후부터는 박정희 소장에 대한 여론이 아주 좋아지고 있습니다."

최종적으로 신문기자들로부터 여론을 조사했으나 아무

런 흠이 없었다. 그러자 해병대 2개 여단을 부산에 진군시켜 박정희 소장을 위협하는가 하면 헌병 8개 중대를 부산역에 파견해서 박정희 소장을 체포하려는 위협까지 했다.

"역시 송요찬 대장은 석두요. 이렇게 소란을 떨게 되면 군부뿐만이 아니고 세상 모두가 육군소장 박정희가 육군대장 송요찬과 한판 싸움이 벌어진 걸 알게 되는데 그렇게 되면 누구 얼굴에 먹칠이 되겠는가? 아, 나의 절묘한 견제구에 그가 걸려들었어. 미안하게 됐어."

박정희 소장은 전혀 동요의 빛이 보이지 않았다. 그리고 내심 쾌재를 부르고 있었다. 송요찬 참모총장은 박정희 소장을 끔찍하게 좋아했다. 선이 굵고 직선적인 성격의 참모총장은 계엄사령관에 임명되자 제일 먼저 부산지역 계엄사령관으로 박정희 소장을 임명했다. 그리고 자주 부산으로 내려와서 박정희 소장을 격려해 주었다. 박정희 소장을 폄하하고 모략하는 투서에 대해서는 단호하게 변호를 했다.

"조총련으로부터 2억 환의 뇌물로 받았다고? 어림없는

모략이오. 박정희 소장은 청렴한 군인이오. 그 사람은 믿을 만한 군의 보배요."

  사실상 박정희 소장의 든든한 배경이었다. 참모총장이 가장 아끼는 인물이라는 사실로 투서 많기로 소문난 군수 기지 사령관 자리에서 떳떳하게 부정을 일소시켜 냈던 것이다. 그러나 박정희 소장은 많은 혜택과 보살핌을 받으면서도 송요찬 장군에 대해 군에서 제거되어야 할 제1호로 여기고 있었다. 부정축재로 호화 생활을 하는 군인으로 정치권에 아부하는 참모총장이라며 배격 대상으로 판정내리고 있었다. 3.15 부정선거가 있기 전의 일이었다. 송요찬 참모총장이 초도 순시차 부산에 내려왔다. 육군의 군수물자 70%가 이곳에서 하역을 하고 전군으로 공급되기 때문에 중요한 기지였다. 박정희 소장은 성심성의껏 상관의 방문에 즈음해서 준비를 했다. 비행장 영접에서부터 부대 방문에 이르기까지 여러 가지로 만반의 준비를 했다. 저녁에는 지방 주재기자와 유지, 기관장까지 함께하는 주연을 베풀었다.

  바로 이 자리에서 두 사람 사이를 갈라놓게 되는 일이

벌어지고 말았다. 술잔이 오고 가면서 벌겋게 취기가 오른 송요찬 참모총장은 특유의 함박웃음으로 만찬장을 장악했다.

"하하, 오랜만에 기분 좋은 자리가 됐습니다. 이렇게 저를 환영해 주시니 뭐라 감사의 말을 해야 할지 송구스럽습니다. 기왕에 저를 환영해 주셨으니 저에게 선물을 하나 주셨으면 합니다."

이야기가 아주 기분 좋게 진행되다가 갑자기 선물 얘기가 튀어나오자 머쓱해졌다. 육군 참모총장이 부산 유지와 기자들에게서 선물을 달라니 무슨 선물을 말하려 하는 건지 모든 시선이 송요찬 장군의 입으로 쏠렸다. 한참을 주억대더니 드디어 그가 부산을 방문한 목적이 있음을 털어놓았다.

"이번 전 국민이 치르게 되는 정 부통령 선거에서 이승만 대통령 각하는 이미 당선이 확정됐고, 부통령 이기붕 선생까지 협조를 부탁드립니다."

그 순간, 박정희 소장은 얼굴색이 달라졌다. 그러더니 험한 소리를 뱉어 냈다. 도저히 상관을 향해 말할 소리는 아니었다. 더구나 서슬이 퍼런 육군 참모총장이 아닌가.

"개소리!"

주변에 있던 사람은 모두 알아들었다. 박정희 소장 본인보다 그 소리를 들었던 사람이 깜짝 놀랐다.

'이럴 수 있는가?'

송요찬 장군 역시 큰 소리로 말하면서 그 소리를 어렴풋이 들었던 모양이다. 항우장사 같은 거구를 한 번 움찔하며 번개가 요동을 칠 것만 같았다. 그러나 뒷심이 허약했던 송요찬 장군이 한 발 뒷걸음질 쳤다. 그의 눈은 박정희 소장을 향하지 못했다. 황소끼리 싸움을 하다가 뿔치기에 한 방 얻어맞고서 한 놈이 뒤꽁무니를 빼며 도망치는 꼴이었다.

"자, 잔을 높이 들어 건배합시다! 건배!"

위태로운 순간이 지나갔다. 박정희 소장은 자유당 정권의 몰염치한 부정선거에 대해 불만을 가지고 있었다. 여러 차례 정보기관에서 협조 부탁이 있었고, 참모들도 상부기관의 지시라며 선거운동에 협조할 것을 건의해 왔다. 그때마다 단호하게 거절했다.

"나이 어린 청소년들까지 피를 흘리면서 부정선거를 반대하고 있는데 군이 부정선거판에 끼어들게 되면 이 나라는 끝나고 말아."

박정희 소장의 소신은 뚜렷했다. 외모는 항우장사처럼 호남아형이었던 송요찬 장군은 작은 체구의 깡마른 박정희 소장의 뒷심에 항상 밀리기만 했다.

세상이 바뀌어 허정 과도정부가 들어섰다. 곳곳에서 개혁의 망치소리가 요란스러웠다. 그 영향이 군부에서도 뿌려지고 있었다. 기득권 세력에서는 자리를 지키려 안간힘을 쏟아냈다. 그러나 젊은 장교들은 군의 정화를 외쳐 댔다. 바로 이렇게 절박한 순간에 박정희 소장의 편지가 송요찬 참모총장에게 날아들었던 것이다.

존경하는 선배 참모총장님께

후배는 가슴 아픈 제언을 올리고자 합니다. 용서하시고 냉정하게 현실을 파악하셨으면 합니다.

선배님! 세상이 바뀌었습니다. 선배님께서 불철주야 조국을 위해서 몸과 마음을 바쳐 최선을 다하셨던 것을 후배들은 기억하고 있습니다.

　여기까지는 고개를 끄덕이면서 인정을 하였다. 자랑스럽고 똑똑한 엘리트 후배들이 선배의 고정(苦情)을 이해하고 있다는 사실에 감명을 받았다. 그러나 그 다음에서 청천벽력의 소리를 내고 있었다.

　선배님!
　저는 진심으로 선배님의 배려와 은혜를 많이 받았던 후배 가운데 한 사람입니다. 그러나 세상이 바뀌었습니다. 선배님의 시대는 지났습니다. 사나이로서 시대가 지났는데 멍청하게 자리를 지키고 있으면 불명예가 됩니다.
　선배님!
　진심으로 선배님을 아끼고 존경하는 입장에서 권고드립니다. 과감하게 물러나십시오 프랑스혁명을 다시한번 돌아 보십시오! 선배님께서는 호화주택에서 호사스런 생활을 하고 계십니다. 그럴 때는 이미 지났습니다. 사병들을 수십명씩 노예 부리듯 집에서 부릴때는 지났습니다. 그것이 부조립니다.

장성 진급 때 진급 후보자들한테서 이런저런 명목으로 촌지를 받으셨습니다. 그것은 형무소에 가야 할 정도의 불법입니다.

얼마나 많은 사람으로부터 많은 돈을 착취하셨습니까. 그것은 지금까지 관례였습니다. 혁명은 그 관례를 허용하고 있지 않습니다. 후배들로부터 존경을 받을 수 있을 때 조용히 물러가십시오. 후배로서 존경하는 선배님이 당하게 될지도 모르는 그런 불명예를 보고 싶지 않습니다. 그러니 조용히 물러나십시오. 거듭 당부드리는 바입니다.

박정희 소장 올림.

이것은 협박편지였다. 세상에서 제일 깨끗하고 정정당당하며 의협심이 있는 사나이로 자부하고 있는 사람으로서 당치도 않는 얘기였다.

그러나 시대 상황은 과도기였다. 허정 내각수반이 임시로 통치하고 있는 상황에서 참모총장이라 하더라도 맘대로 인사조치를 할 수 있는 자리가 아니었다. 바로 이점을 박정희 소장은 간파하고 있었다. 소장파 젊은 장교들이 군의 정화를 위해서 움직이고 있음을 알고 있었다. 그들

에게는 리더가 없었다. 리더 없는 조직은 죽어 있는 조직
이다. 그 죽어 있는 조직에 생명령을 불어 넣어 주면 살
아 날 수 있다. 어떻게 그러한 정의의 깃발 아래 지도자
가 될 수 있을까? 육군에서 최고의 계급자는 참모총장이
다. 그런데 그는 멍청한 두뇌의 소유자다. 기분에 따라서
움직이는 감정파다. 그는 폭풍 앞에선 등잔불의 신세다.
지금은 주인이 없는 세상이다. 허정 내각수반은 현재의
참모총장을 바꿔 치기할 것이다. 지금은 큰소리치고 있지
만 사실은 종이 호랑이다. 종이호랑이에게 시비를 걸게
되면 그 사나이는 동등한 계급에 올라서게 된다.

"자 부딪치자!"

박정희 소장은 시대 상황을 정확히 파악하고 있었다.
참모총장은 육군을 손안에 쥐고서 맘대로 호령할 수 있는
사람으로 자부하고 있지만 사실은 허수아비에 불과했다.
그래서 그에게 도전장을 던졌다. 소장과 장교들은 젊은
혈기에서 애국애족을 앞세워 부딪치고 있다. 그러니 그것
은 해프닝에 불과했다. 박정희 소장은 이러한 상황을 정
확하게 파악하고서 송요찬 참모총장의 목에 시퍼런 칼을

내민 것이었다. 송요찬 장군이 박정희 소장의 편지를 가지고 이러쿵 저러쿵 말이 많아지자 이 사실을 전군이 알게 됐다. 젊은 장교들은 박정희 소장이 동지임을 알아챘다. 한둘씩 아무도 모르게 박정희 소장에게 접근했다. 박정희 소장과 송요찬 대장과는 사실상 경쟁 상대가 되지 못했다. 박정희 소장에 대한 적대감을 표시할수록 그 파장은 모두 송요찬 장군에게 부딪쳤다. 한편 박정희는 소장파 군장교들의 우상으로 부각됐다. 그것은 박정희 소장의 명성과 이미지 때문이었다. 청렴결백하고 일을 컴퓨터처럼 정확하게 해내는 지장으로 소문이 자자했다. 군 정화(淨化)의 표상이 되었다. 이 모든 것은 박정희 소장의 노련한 처세술에서 비롯된 것이었다. 육사 8기생을 중심으로 소장파 장교들이 육군본부를 장악하고 과감하게 소리를 내고 있었다.

"소장급 이상 장군들은 모두 물러가라!"

군은 모두 공감했다. 이승만 대통령 시절부터 군의 정화 문제가 제기됐었다. 그러나 결과는 허무한 것이었다. 지금은 상황이 다르다. 3.15 부정선거에 집권 세력 모두 관련되어 있었다. 모두가 책임을 져야 할 일이었다. 그러나 높은 자리에 앉아 있는 사람들은 책임의식이 없었다.

"소장 이상 모두 옷을 벗으라니 말이나 되는 일인가? 나는 그런 말에 동의할 수 없소. 그런 생각은 현실성이 없는 것이오."

당장 최영희 중장이 반발했다. 자기는 정정당당하게 근무해 왔다는 것이었다. 그러나 소장파 젊은 장교들은 거두절미하고 옷을 벗고서 나가 달라는 것이었다.

결국 송요찬 참모총장은 옷을 벗었다. 그러면서 박정희 소장에게 섭섭한 감정을 가졌다. 그러나 군의 정화를 주장하던 육군사관학교 8기생들의 조직적인 저항이 본격화되었다. 그 중심에 김종필, 길재호, 김형욱이 있었다. 모두가 육군정보국에 근무할 때 함께 일했거나 관련 부서에서 복무했었다. 이들에게 박정희 소장은 우상이 됐다. 육군정화를 위해서 모임을 가지고 있는 상황에서 송요찬 참모총장과 당당하게 맞서서 그를 낙마시켰으니 그들의 원군이 됐다.

"아, 박정희 장군! 그는 참으로 위대한 분이시다. 그는 육군의 보배 같은 존재이시다. 청렴결백하시고 오직 육군의 발전을 위해서 헌신하고 있으신 고마운 분이시다."

그들은 모임을 가질 때마다 찬사를 아끼지 않았다. 마침 모임의 주동자 김종필과는 친척이 되는 분이니 거리감이 없었다. 믿고 따를 수 있었다.

하극상(下剋上)항명 움직임이 더욱 구체화되어 갔다. 바로 박정희 소장의 송요찬 참모총장 사퇴권고 편지가 기폭제가 됐다. 육사 8기생 가운데 16명이 주동이 되어 조직이 만들어졌다. 소위 16인회가 만들어 졌다. 이들은 리더가 필요했다. 그 리더를 누구로 할 것인가?

바로 젊은 소장파 장교들의 우상 박정희 소장이었다. 어느날 갑자기 그들의 우상으로 떠오르게 된 것은 절묘하게 계획된 박정희 소장의 계략에 의한 일이었다. 이것은 박지만의 다음의 증언으로 입증되고 있다.

"아버지께서는 병법에 대해 관심이 많으셨습니다. 그래서 만주군관학교, 일본 육군사관학교, 육군대학, 미국 포병학교에서 수학하셨던 얘기를 자주 들려주셨습니다. 그 가운데서 병서와 병법에 대해 흥미 있어 하셨습니다. 기억에 남는 얘기가 있습니다. 비장한 병서로 「손자병법」, 「36계」, 「난중일기」, 「전쟁론」이 있었습니다. 그 가운데서도 「36계」에 대해서 말씀이 있으셨습니다. 제가 육군사관학교에 다니면서 아버지와 토론을 벌였습니다. 그 중 「차도살인(借刀殺人)」이라는 전법이 나옵니다. 상대방의 힘을 이용해서 아군의 강적을 무너뜨리는 병법입니다. 「삼국지」에서 조조가 황조의 힘을 빌려 예형을 죽였습니다. 예형이 조조를 비방하고 험담하므로 조조가 공융에게 부탁했습니다.

'예형은 소인이라서 예의가 없다. 그를 죽여 버리는 것은 식은 죽 먹기다. 참새나 쥐새끼를 죽여버리는 정도다. 그러나 그에게는 특별한 재주가 있어서 그 이름이 널리 알려져 있다. 내가 그를 죽여 버리면 사람들은 나더러 포용력이 없고 도량이 없는 사람이라고 욕하며 나의 이름이 더럽혀질 것이다. 유경승이라면 음흉하고 성급한 자이니 그를 시켜 죽여 없애도록 하라!'

조조의 명령에 따라 공융은 호위병을 데리고 남양으로 떠났습니다. 조조의 명령은 칼과 같았습니다. 유경승의 부하 황조가 예형의 목을 베어 버렸습니다. 역시 조조는 차도살인의 달인이었습니다. 마찬가지로 아버지께서는 차도살인의 병법을 잘 아셨습니다."

4.19 학생의거가 성공해서 이승만 대통령이 하야하고 허정 내각이 임시 집권을 했다. 허정은 행정가였으며 권력의 생리를 잘 알고 있었다. 권력의 꽃이라 할 육군 참모총장, 검찰총장, 치안국장(현 경찰청장)을 자기의 사람으로 배치하는 건 상식이다. 그렇게 되면 송요찬 참모총장의 경질은 시간 문제였다. 그것을 알아차리고서 물러날 것을 권고하는 편지를 냈던 것이다. 바로 차도살인 병법이었다. 박정희 소장은 그 편지로 해서 부글부글 끓어오르고 있던 군 정화의 불길을 정중앙으로 튀어 오르게 했다. 박정희 소장의 민첩함을 잘 알 수 있는 대목이기도 하다. 박정희 소장은 4.19학생의거가 성공해서 자유당 이승만 정권이 물러나고 허정 과도정부 혼란스럽던 때에 맑은 영혼을 지니고 있었기에 편지 한 장으로 참모총장의 목을 날려 버렸다. 난세일수록 맑은 영혼의 인물이 세상에 빛을 남기게 된다.

15. 하늘을 두려워 할 줄 아는 인물

지도자는 최상의 위치에 있는 사람이다.

세상사 모두 자기 뜻대로 행한다. 그럼에도 자기의 무한한 힘을 자기 맘대로 함부로 해서는 안된다. 자기 맘대로 하게되면 하늘에서 벌을 내린다. 하늘의 벌은 무섭다.

항우의 최후를 보라!

항우는 이 세상에서 최고의 힘을 가졌다. 역사가 사마천이 평하기를 역발산기개세(力拔山氣蓋世) 즉 산을 뽑아 세상을 덮을 정도로 힘이 강했던 명장이었다. 그와 겨룰 장수가 없었다. 그랬던 그가 그의 힘을 과신해서 무자비했다. 포로가 잡히면 구덩이를 파서 6만명을 한 차례에 모두 생매장해서 죽여 버렸다. 천길이나 되는 벼랑에서 넘어뜨려 5만명을 처형해 버렸다. 그의 청룡도를 한번 휘두르면 수 백명씩이 피를 뿜었다.

힘이 넘치자 그 힘을 주체하지 못해 사람 죽이기를 파리 죽이듯 했다. 이 잔혹한 사람사냥을 지켜보던 수하 장수들이 공포심을 느꼈다. 기회가 되면 모두 그의 곁을 떠나버렸다.

그의 최후, 해하전투에서 한신 장군의 사면초가 작전에 밀려 겨우 목숨을 건졌다. 오강으로 도망쳤다. 강가에서 그가 올것을 알고서 노인이 배를 강가에 대고서 기다렸다.

"항우장군, 당신이 올걸 알고 있었소. 어서 타시오. 적군이 달려 오고 있어요."

"감사하신 말씀이오만 난 승선하지 않겠소."

"강을 건너면 당신의 고향이오. 그곳에서 당신을 기다리고 있소. 8000명이나 되오. 당신은 명장이니 그 8000명으로 너끈이 천하를 지배할 수 있을 것이오."

"아니오. 이미 하늘이 나를 버렸소."

이 말을 남기고서 자결을 하고 말았다.

하늘의 뜻을 살피는 것은 백성의 뜻을 살핌으로써 가능하고. 하늘의 계시를 듣는 것은 곧 백성의 목소리에 귀기울임으로써 가능해 진다고 태서(泰誓)에서 전하고 있다.

권력의 정상에 앉게 되면 이 말씀을 그냥 웃어넘긴다. 또 이말을 어렵게 생각하고서 그냥 지나쳐 버리게 된다.

이런 지도자를 윗사람으로 섬기게 되면 모두가 불행해진다. 어리석은 지도자는 국민의 뜻에 저항을 한다.

"국민이라는 사람들은 웃기는 존재야. 대나무 위로 올라가라고 해놓고서 그들 말대로 올라갔더니 이번에는 흔들어댄단 말이야. 수준이 낮은 국민은 어쩔 수 없는 골치덩이란 말이야. 맘대로 하라구 해보지 젠장. 자기들이 결국 손을 들거야. 손해는 자기들이 보게 되지 나야 관록이 있는데 손해 볼 것 없어."

배째라 식의 지도자는 이미 지도자가 아니다. 망난이라 해야 하고, 그에게는 최후에 반드시 법에 따라 죄를 물어야 한다. 속마음이 메뚜기 이마만큼 좁은 사람은 국민을 원망하기 일쑤다. 문제는 지도자를 감싸고 있는 떨거지들이다. 국민을 향해 막가파식 주먹질이다.

"단 한번이라도 대통령을 대통령으로 인정을 했었던 가요? 그냥 반대하고, 무시했으니 제대로 일 할 수 없었지요. 그렇게 해놓고서 콩이야 팥이야 시비 한다는 건 상식 밖이야요."

하늘을 향해 주먹질하는 격이다. 백성을 다스리는 일은 신성한 일이다. 신성한 일을 엉터리 장난하듯 하고 있으니 하늘인들 뾰죽수가 있을 리 만무하다.

한마디로 대통령의 자리에 앉을 자격이 없는 인물이다. 대통령 자격이 없는 인물이 대통령 자리에 앉게 되면 항상 나라가 불안정해진다. 나라가 불안정하면 나라가 오그라들고 국민이 불행해진다.

국민이 불행해지면 어떻게 되나?

우리는 이미 나라가 망하는 경험을 했다. 1905년 8월10일 한일합방으로 국권이 일본에게 돌아가자 온 국민이 헐벗고 굶주렸으며 일본인의 노예가 됐었다. 국가 지도자 자격이 없었던 대원군과 고종 두 인물에 의해서 나라가 허무하게 무너졌었다. 100년이 지난 지금 김대중, 노무현

두 지도자에 의해 나라가 기울어지고 있다. 못난 지도자를 선택하게 되면 한 임기에 정권이 망가지고 두 임기까지 이르게 되면 나라가 망하게 된다. 마치 배가 암초에 좌초가 되어 기울어질 때 한 순간에 타이탄호 처럼 무너지지는 않는다. 서서히 기울어지고 소리없이 바다 속으로 가라앉는다.

왜 이런 비극을 얘기하게 되는가?

김대중, 노무현 두 정치지도자는 하늘을 두려워하지 않고 있다. 나라의 근간을 흔들어 놓고서 그것이 나라를 망하게 하고 있는 줄 모르고 있으니 지도자가 하늘을 두려워할 줄 모른다는 사실이 얼마나 무서운 죄악인지 다시 한번 생각하게 한다.

공천장사로 치부하고, 노벨평화상을 로비로 수상하는 파렴치, 정치하면서 도움을 받았던 것을 나라의 자리(벼슬)를 주어 보상하는 일이 얼마나 철면피인가.

일본의 오오니시 중장은 우수한 두뇌와 확고한 국가관을 지닌 무관이었다. 그러나 일본 공군으로 하여금 가미가제 특공 공격술을 창안하여 3600여 명의 비행조종사를 잃게 했다. 또 아츠섬을 비롯하여 과달카날섬, 유황도, 오끼나와 등 많은 곳에서 전원이 몰사해 버리는 인간폭탄 공격술을 만들어 냈다.

미군은 희생자를 축소시키기 위해 히로시마와 나까사끼에 원자폭탄을 투하했다.

하늘을 무서워할줄 모르는 만행이었다. 히로히도 일본 국왕의 항복으로 종전이 되자 미국 측에서 1급 전범으로 가미가제 특공공격 지휘관을 꼽았다. 그제서야 자신의 천인공노할 범죄를 깨달았다.

그는 배를 가르고서 자결을 했다. 죽으면서도 쉽사리 죽어지지 않아 여러 시간 고통을 받았다. 항상 허리춤에 차고 다녔던 칼(日本刀)로 배를 가르자 창자가 튀어 나왔다. 방 한 가운데에다가 하얀 천을 깔고서 그 위에서 자결을 했었다. 배를 칼로 가르자 창자가 쏟아져 나왔다. 창자는 배속에서 처럼 꿈틀거렸다. 그럴 때마다 피가 솟구쳐 흘렀다.

그의 모습을 지켜보던 옛 부하 야마시다 소좌는 눈물을 흘리면서 어쩔 줄 몰라 전전긍긍했다. 오오니시 중장은

224

평온한 얼굴이었으나 시간이 지날수록 더해지는 고통으로 얼굴이 찌글어 졌다.

"여보시게 야마시다 소좌!"

"각하, 각하, 구급차를 부를까요?"

"나는 행복하다네. 내가 죽는데 증인이 있고 친구가 있으니 얼마나 행복한가?"

"각하 친구라니요?"

"자네가 나의 친굴세. 험악했던 전쟁터에서 동지가 자네였으니 죽음을 맞은 이 순간에는 친구일세. 감사하이. 친구여!"

"각하 고통스럽지 않으십니까?"

"나는 생생하게 기억하고 있다네. 가미가제 특공대 대원들이 히로히도 천왕이 보내준 신주(神酒) 한 잔을 받고서 죽음의 길을 떠나는 모습이야. 나는 그들에게 못할 짓을 했어 지금 이 고통은 그의 댓가인 셈이지. 그러니 참아야 하지."

하늘의 뜻을 어기고서 불한당짓을 지도자들은 범한다. 나라를 위한다면서 인류를 저버린 악한 짓을 서슴치 않는다.

왜 미국은 원자폭탄을 일본의 두 도시 히로시마와 나까사끼에 투하했을까?

무고했던 일본인 30만명이 죽음을 당했다. 그것이 가미가제 특공과 옥쇄작전 때문이었다. 일본 군부의 가혹했던 살인 행위가 부른 재앙이었다.

이 재앙은 인간이 행했던 재앙이었지만 사실은 하늘의 뜻이었을 것이다. 하늘이 인간을 시켜서 일으켰던 재앙이다.

소련의 스탈린 역시 하늘을 쳐다보지 못했다.

소련을 세계제일의 강대국으로 건설하겠다고 하면서 소수 민족에 대한 인간 청소를 단행했다. 고려인 500만 명을 버려진 땅 연해주로 강제 이주를 시켰다.

강제이주는 히틀러의 홀로코스트와 맥을 같이 하는 짓이었다. 강제 이송되는 도중에 병들고 고달퍼 죽어 갔던 고려인들. 이들의 죽음을 보고서 하늘이 놀랐다.

"스탈린이여, 당신은 고려땅을 탐냈어. 철부지 30세의 야심가 김일성을 부추켜 한국전쟁을 일으켰던 주범이었어. 한국전쟁에서 300만 명이 죽었고, 1000만 명이 이산가족으로 고통을 받게 만들었어. 어찌 그 뿐인가? 소련에 살고 있었던 소수 민족 2000만 명을 강제 이주시켜 고통을 주었고, 지식인 600만 명을 처단하는 만행을 저질렀어. 하늘의 도(道)에도 어긋나는 짓이었어."

아마 하늘에서는 이렇게 생각했던 모양이다. 테러 위협을 느끼면서 수만명의 비밀경찰과 경호원을 동원했었지만 그의 적은 심장속에 있었다. 밤사이 심장 발작을 일으켜 소리 한번 질러보지 못하고 죽어 버렸다.

대륙의 공포마왕 모택동, 정치범 수용소 대왕 김일성도 모두 하늘에서 벌을 내려 처형된 인물들이었다.

불가리아 독재자 차우세스쿠 부부는 성난 국민들의 손에 의해서 처형됐다.

유고의 밀로소비치 대통령도 코소보에서 소수민족 인간청소를 해서 하늘의 도를 깨어 버렸다.

이들 역시 하늘의 벌을 받았다. 지구상 어디에서도 하늘을 무서워하지 않으면 천벌(天罰)을 받는다.

천벌을 받게 되면 당사자도 고통스럽지만 그의 나라와

그의 국민도 고통스럽게 된다. 인류 역사상 하늘을 두려 워하지 않았던 지도자는 모두 처참한 최후를 맞이했었다.

16. 지도자의 계절

신(神)은 인간에게 세 번의 기회를 허용했다.

무슨 일이던지 세 차례 시험을 한다. 장대 높이뛰기, 넓이 뛰기, 창던지기, 투포환, 역도등 경기에서도 세 차례 시험해 볼 기회를 준다. 신은 사람의 형상을 닮아 있지만 사람과 다르다 전지전능한 존재다. 그러나 사람은 완전하지 못하다. 모순덩어리다. 한번의 도전으로 그 인간의 능력을 검증하지 못한다. 세 차례 기회를 주어야 완벽하게 검증이 된다. 세 차례를 넘어 일곱 차례를 부딪쳐 모두 실패하는 사람이 있다. 그 사람은 인간의 경지를 떠난 것이다. 여덟 번째 도전해서 성공하는 경우, 칠전팔기(七顚

八起)라 해서 높은 평가를 한다. 신의 경지쯤으로 본다.

이제 우리나라는 좌파들의 세상이 됐다. 김대중, 노무현으로 이어진 붉으스레한 세상이 됐다. 참으로 불행한 일이다. 이미 세계는 좌파가 멸망해서 꼬리마저 사라졌다. 그럼에도 대한민국에서는 화려하게 꽃을 피우고 있다. 북한과 쿠바는 죽음의 땅이 되고 말았다. 백성들은 굶주리고 헐벗은 삶을 살아가고 있다.

왜 그럴까?

좌파는 원초적으로 신의 저주를 받았다. 사람은 쉼없이 땀을 흘리면서 살도록 했다. 행복도 땀을 통해서 만들어주었고 삶의 환희도 땀을 통해서 얻어지도록 했다. 좌파는 신의 영역에 도전을 했다. 마치 바벨탑 쌓기로 신의 영역에 도전했다가 와르르 무너지는 천벌을 받듯 했다. 그들은 땀을 흘리지 않아도 함께 사는 세상을 꿈꾸고 있다. 신의 가르침에 대한 도전이다. 그래서 좌파는 무너졌다.

이제 대한민국이 무너질 차례가 됐다. 좌파들이 아무리 위장하고 아무리 미사여구로 감춘다해도 신은 용서하지

230

않는다. 참으로 세상은 살만한 가치가 있는 오묘한 곳이다. 땀흘리고 사는 세상만을 허용하고 가진자와 못가진자가 함께 나누어 먹고 사는 것을 허용하지 않는 것이 신의 섭리다.

북한과 쿠바는 신의 섭리를 저버렸다. 그것이 지구상에서 가장 가난하게 살고 있는 이유다.

이런 이유를 확실하게 알고 있으면서도 굳이 북한의 노선을 따르려하는 좌파의 심리는 무엇일까?

들쥐 근성 그 이상도 그 이하도 아니다. 작은 나라 대한민국이 세계에서 열번 째 부자 나라가 됐던 것을 뿌리 채 흔들어 놓고 있는 심리는 모두 함께 죽어 보자는 것이다. 그러한 심뿌는 민주노총, 전교조, 열린우리당, 청와대 386세대들이 앞장서고 있다. 심지어 서민의 벗 소주 이름마저 좌파 지식인의 수필 「처음처럼」을 사용하도록 하고 있다.

부산상고와 서울대 상대를 나온 신영복 성공회대 교수는 「통혁당」 사건으로 사형선고를 받고 다시 무기징역으로 감형이 되어 18년 투옥됐었다. 시련을 당할 만큼 시련을 받았다. 그가 교도소수형생활을 하고 있는 동안 나라는 근대화와 민족중흥이 되어 1인당 국민소득 85달러에서 1만 달러로 120배 성장했다. 그가 바랐던 사회주의 나라였더라면 200~300달러의 나라로 세계에서 가장 가난한 나라가 됐을 것이다.

지식인으로서 살을 찢고 뼈를 깍아내는 반성을 해야할 일이었다. 그러나 그는 반성은 커녕 처음 마음 먹었던 사회주의 이상을 마음속 깊은 곳에 묻어 두고 세상을 살아가겠다는 뜻으로 「처음처럼」 수필을 쓰고 있다. 그의 이상과 신념을 세상에 널리 알리려는 세력들이 나섰다.

「두산을 잡아라!」

두산그룹은 형제들이 구속되었거나 기소되어 최대 위기를 맞았다. 두산 소주 신개발품 출시를 앞두고 있었다. 친북좌파 세력의 도움이 필요했을 것이다.

덥썩 「처음처럼」을 잡아냈다.

좌파의 신념을 오늘도 수많은 소주 애호가들이 마셔댄다.

생활속의 습관은 의식을 낳는다. 언제일지 모르지만 우

리들의 피 속에 사회주의 혁명을 성취해 보겠다는 골수 좌파의 신념이 의식으로 성장될 것인지 모른다.

좌파의 신념을 팔고 있는 두산은 언젠가 비극을 맞이하게 될 것이다.

좌파가 우리에게 메시지를 보내고 있다.

삼 세 판의 기회를 달라는 것이다.

그것이 신의 섭리라는 것이다. 김대중, 노무현, 유시민으로 삼 세 판을 달라는 것이다.

좋으신 말씀이다.

국민은 먹을 것이 없어 못살겠다고 아우성인데 좌파들은 자기 세상이라 살판났다. 모두가 잘 살자는 것이 좌파의 이념인데 국민들이 못살겠다니 더 이상 할 말이 없을 것이다.

민주노총식의 파업투쟁은 기업들이 투자를 포기하거나 해외로 공장이전을 하게 만들고 있다. 벌써 50만 개의 일자리가 훌쩍 파업투쟁 없는 나라로 떠나 버렸다.

전교조의 투쟁으로 학교설립을 포기하는 독지가가 늘어나고 있다. 모두 국가가 사회주의식으로 교육을 시켜야 한다고 목소리를 높인다. 일찌감치 자녀의 미래를 위해 기러기 아빠되는 것을 감수한다. 이들이 해외에서 지출하는 달러가 100억 달러가 넘어 섰다. 달러를 벌어 들여오기 위해 갯지렁이를 수출하고 가발, 은행잎, 장난감에 매달리던 일은 먼 옛날이 되었다.

붉은 깃발을 높이 들고 길거리 투쟁을 벌리고 있는 사이에 아르헨티나, 브라질, 필리핀처럼 국부(國富)가 시루에 물붓기가 되고 있다.

세상이 이쯤 됐으니 좌파에게 기회를 줄 수 없다는 것이 국민들의 생각이다. 한 마디로 좌파는 좋은 시절 다 보냈다. 지리산에 입산하여 빨찌산 노릇했던 사나이들이 하얀 백발을 휘날리며 갖가지 시민단체 주역으로 살기등등하다. 이젠 국민들이 그들의 속셈을 알아 차렸다.

이번 5.31지자체장 선거에서 좌파에게 기회를 주지 않았다. 그러한 민심이 갖가지 여론 조사에서 드러나고 있더니 16개 광역단체장에 단 1석만(전라북도 도지사) 허용했다. 나머지 12석 한나라당, 무소속 1석을 허용했다.

지도자의 계절을 맞았다.

좌파들이 민심을 읽어 냈다. 좌파들은 교활하다. 그들이 단행했던 6.25 한국 전쟁이 잘못된 실패였다는 것을 알고 있다. 또 북한의 갖가지 테러, 납치, 위조 달러, 마약, 가짜 비아그라 생산이 잘못이라는 것을 안다. 알았으면 반성하는 것이 도리다. 그러나 친북 좌파들은 비굴하게도 사실무근이라면서 억지를 부린다. 이것이 북한돕기를 가로 막는 악재임에 틀림없다. 그래서 6.25 한국전쟁 때 남침을 했으면서도 남한이 북침을 했노라며 억지를 부린다. 아웅산 테러, KAL기 폭파, 무장간첩 남파 등 갖가지 테러를 저질러 놓고서도 오리발이다.

그러한 그들에게 충성맹세를 하고 순종하는 대한민국 사람들의 정체가 백일하에 드러났으니 이제 반성하고 회개하는 것이 순서다.

앞으로 대한민국의 지도자는 어떤 인물을 선택해야 할 것인가?

기울어가고 있는 국운을 역전시켜 장기불황을 타개하는 것이 급선무다. 그리고 세계를 향해서 힘찬 재도약을 하게 앞장설 인물이 누굴까?

계속해서 의문부호를 그려 본다. 그 의문부호를 풀어볼 지도를 차근차근 그려 보고자 한다. 모세가 바람처럼 나타나듯 하늘로부터 보내진 천손(天孫) 대한민국을 하늘은 반드시 돌봐줄 것이다. 그러한 믿음에서 위대한 지도자를 그려보려고 하는 것이다.

17. 세계가 주목하고 있는 CEO 서울특별시장

뉴욕시장 블룸버그.

그는 기업인이다. 세계 최고 기업 불름버그 그룹 창업자이면서 CEO다. 그랬던 그가 뉴욕시장에 출마했다. 미국을 상징하는 수도 뉴욕은 미국 최대이면서 세계 최대 도시답게 많은 문제점을 안고 있었다.

첫 번째 문제이자 모든 문제의 출발점이 되고 있는 것이 재정적자였다. 매년 늘어나는 적자로 해서 뉴욕시민의 자존심이 팽개쳐지고 있었다.

그는 취임과 동시에 적자해소책에 매달렸다. 4년 후, 적자를 깔끔하게 정리했다. 그 명성이 세계에 알려지면서 서울시장에 CEO출신 이명박이 등장했다.

첫 번째 제1성이 서울시가 이명박 시장에게 지불하고 있는 급료는 모두 아름다운 재단에 등불기금(환경미화원, 소방관 유족을 위한 장학금)으로 전액기탁토록 했다.

왜 그런 선언을 했을까?

서울시의 거대한 예산과 적자를 해소시키기 위해서는 시장의 결단이 필요하다고 생각했다. 국가예산 다음으로 많은 거대한 예산을 유효적절하게 그리고 효율적으로 집행하기 위해서 관행적인 방식으로는 어림없다고 보았다. 태스크포스팀을 구성해서 연구를 시켰다. 무슨 일이든지 과학적이고 학술적 연구이상 더 좋은 방법이 없다. 그래서 연구가 필요했다.

다음으로 적자해소책이다.

적자해소를 위해서는 지출규모를 최소화하고 수입규모를 늘리는 일이 필요하다. 지출을 줄이기 위해서 나부터 줄여야 한다. 그러하기 위해서 급여부터 유용하게 그리고 아름답게 쓰도록 했다.

이명박 시장이 자기 자신의 씀씀이를 제로베이스(Zero

base)로 줄이고 자기 연봉마저 아름다운재단에 기탁하도록 했던 것은 나라의 앞날이 걱정되어서였다.

피터 드러커의 「자본주의 이후의 사회」, 마거릿대처의 「국가경영」, 폴 케네디의 「강대국의 흥망」, 프랜시스 후쿠야마의 「강한국가의 조건」에서 미래의 국가에 대해 힘을 주어 강조했던 메시지가 있었다.

"개인과 마찬가지로 국가도 작은 지출이 앞날의 운명을 결정한다. 그렇게 하기위해서는 부채는 독(毒)이다. 작은 정부만이 미래를 약속 받을 수 있다. 지출이 많은 국가는 쇠락한다. 그것은 필연이다. 소련이 공중분해 되었던 것은 역사발전의 필연이다."

석학들의 뜻을 실천하기 위해 서울시 부채 7조5000억원은 어떻게 하던지 해결해야할 최대 과제였다. 부채 줄이기는 기업경영에서 부딪쳐 봤던 일이었다.

"불요불급한 투자를 줄여라!"

"씀씀이를 기업처럼 하라!"

"수익원을 개발하라!"

"작은 서울시가 되라!"

이것만 실천하면 부채는 줄어들게 되어 있다. 국가예산에서 지원을 받으면 쉽겠지만, 그러한 방식은 불가능 했다. 노무현 대통령이 공무원 3만여 명 증원하고 대통령 직속 위원회를 27개로 위원회 공화국을 만들었다. 또 신행정도시 건설을 한다면서 국가예산을 펑펑 쏟아 붓고 있었다. 국책사업이라면서 이것저것 마구잡이로 펼쳐 댔다. 공무원 급료 역시 물 쓰듯 했다.

그 결과, 정부 부채는 146조 원에서 300조 원으로 기하급수적인 팽창열차를 타고 말았다. 그러나 서울시장 이명박은 청계천 공사를 비롯해서 버스차선 변경을 하고서도 부채 7조 5000억 원을 4조원대로 대폭 감축시켜 놓았다.

이것을 보고서 국민들은 어떻게 생각했겠는가?

지난 5.31 지방자치제 선거에서 국민이 분노했던 것이 아니고 현실을 똑바로 보고 있었던 것이다.

국가 부채나 서울시 부채는 모두 노무현 대통령이나 이명박 시장의 어깨에 짐이 되는 것이 아니다. 국민에게 돌아간다.

세계제일의 부국이던 아르헨티나가 지금 빈국으로 추락

했다. 거리마다 실업자로 가득 메워져 있고 거지떼가 득실 거리고 있다. 밤마다 호텔 페이지보이는 대학교수가 한다. 택시 운전은 은행지점장 몫이다. 관광가이드는 치과의사가 한다. 아침 은행문이 열리면 달러화환전을 위해 장사진이다. 한 밑천 챙기게 되면 해외이민 대열에 나선다.

아름다운 나라 아르헨티나, 탱고로 인생이 아름답기만 했던 아르헨티나, 24시간 오페라로 즐거워했던 아르헨티나, 축구의 나라 아르헨티나가 어찌하여 이 꼴이 됐던가?

정신나간 대통령 페론 부부가 국가경영을 부채로 메웠던 결과였다. 세계 최초로 주5일제 근로를 시행하면서 한국의 좌파 대통령들처럼 펑펑 국가재정을 물쓰 듯 했던 결과 국가부채가 300억 달러 넘어서자 불과 2년만에 500억 달러가 됐고, 매년 부채이자 지급을 위해 100억 달러가 소요되었다.

탱고리듬에 흐느적댈 때 어느 사이에 1000억 달러가 넘어서고 말았다.

아르헨티나 비극을 알고 있는 이명박 시장은 세계적인

CEO 뉴욕 불름버그 시장을 벤치마킹해서 서울시 부채 줄이기에 전력투구 했다.

국민은 현명했다.

노무현 대통령과 이명박 시장은 너무 대조적이었다. 두 사람이 비교되는 것은 비단 부채뿐이 아니었다. 허구헌날 실언(失言)과 국론분열 그리고 이념투쟁으로 국민을 괴롭게 하고 있는 노무현 대통령에 비해 이명박 시장은 서울시 개혁에 전력 질주하는 모습에 역동성을 느끼게 됐다.

히틀러의 광분에 함몰되었던 독일 국민들이 아데나워 수상의 침착함과 에르하르트의 경제건설에 감동했듯이 한국인들이 지도자의 진정성에 크게 깨달았던 것이 5.31 지방자치장 선거 결과였다.

민심(民心)은 천심(天心)이다.

허무맹랑한 지도자는 하늘의 노여움을 사게 된다. 그래서 매사에 진정성을 경주해야 한다. 말은 어눌해도 괜찮다. 세상을 보는 눈이 밝아야 하고 실천이 올바르야 한다. 표심(票心)이 가끔 감성에 흐르는 경우가 있다. 표심이 감성에 흐르도록 했던 지도자가 잘못된 것이지 국민을 탓할 일은 아니다.

 노무현 대통령이나 이명박 시장은 두 사람 모두 어려운 환경에서 성장했다. 그러나 생각하는 사고방식이나 행동하는 양태는 하늘과 땅이다. 그래서 국민들이 이명박 시장을 달리 보고 있다.

 농토 한 뼘 없는 무산(無産)가정 6남매 막내로 태어나 정상적으로 학교를 다니지 못하면서 가난하게 살아왔던 이명박 시장은 돈에 대해서 청부론(淸富論)을 말한다. 열심히 땀흘리면서 1년 내내 휴가 하루 내지 못해가며 밤낮으로 뛰기만 하며 돈을 벌어 모은 재산을 청부(淸富)라 했다. 청부자는 국가나 사회로부터 존경을 받아야 한다는 것이다. 요새 노무현 대통령처럼 부자를 죄악시하고 세금폭탄을 퍼붓게 되면 나라는 역동성을 잃게 된다.

 강성했던 로마가 왜 멸망했던가?

 귀족계급이 일하지 않고 놀면서 흥청망청거리자 일반 국민들까지 모두 놀자판이 되어 국력이 쇠약해지더니 결국 망하고 말았다 어느 나라든 국민 모두가 잘살기 위해서 땀 흘리며 열심히 일할 때 그 나라는 융성해지는 것이다. 따라서 청빈 보다는 청부를 찬양하고 온 국민이 지향(志向)하면 그 나라는 부강해지게 될 것이다. 또 한편으로 검약하고 검소한 생활 역시 귀중한 덕목이다. 검소한 생활을 하면서도 1000여만 원이 넘는 급료를 마다하고 몽땅 아름다운재단에 등불기금에 전액기탁을 고집하는 이명박 시장의 뜻은 어디에 있을까?

국가와 국민을 위해서 봉사해 보겠다는 높은 소명의식의 발로이다. 마치 성웅 이순신이 국가가 위기에 처하자 가슴의 계급장을 떼어 버리고 백의종군을 했다. 그의 애국심에는 계급장이나 훈장 같은 것이 필요 없었다. 크라이슬러가 도산위기에 직면하자 아이아코카는 앞뒤 가리지 않고 회장으로 취임한다. 연봉 1달러를 선언했다. 포드자동차에서 연봉 5억 달러를 받았던 CEO였다.

"내가 클라이슬러와 제휴했을 때 내 앞길이 어떻게 될 것인가에 대해 조금이라도 생각했더라면 나는 세상의 모든 돈을 다 준다고 해도 거기로 옮겨가지 않았을 것이다. 고맙게도 신은 인간에게 1년이나 2년 앞의 미래를 예견할 능력을 주지 않았다. 만약 그랬더라면 인간은 심하게 자살의 유혹을 받기 쉬울지도 모른다. 그러나 신은 자비로운 분이시다. 왜냐하면 신은 인간이 한달에 하루를 볼 수 있는 능력만을 주었기 때문이다. 어려운 시기가 닥쳐왔을 때는 심호흡을 하고 최선을 다하는 수밖에 다른 선택의 여지는 없다.”

　그가 클라이슬러가 침몰해 갈 때 과감하게 뛰어 들어 국회와 백악관, 은행, 채권단을 찾아다니면서 캐이카(K-CAR)프랜을 허락해 달라면서 애원을 했다. 그의 강력한 호소에 동의를 했고, 케이카프랜은 대성공을 했다. 그는 1달러 CEO가 아니라 대통령 후보1순위에 오르기까지 했다. 사나이의 매력은 자기의 직무에 대해 혼신의 힘을 쏟는 일이다. 그런 점에서 아이아코카 1달러 연봉과 이명박의 연봉 전액기탁과 맥을 함께 하고 있는 것으로 보아도 좋을 것 같다. 현대건설 입사 5개월 만에 대리로 승진했고 태국 고속도로건설 현장 사업소에서 부장급 근무처에 신입사원으로서 책임자가 됐다. 이때부터 사장까지 불과 11년이 소요되어 35세 최연소 기록을 수립했다.

　하루 4시간 잠을 자면서 일에 몰두하는 그는 분명히 지도자의 덕목을 갖춘 인물이다. 지금 대한민국은 난세다.

한국의 대 예언서 정감록, 격암유록, 원효결서, 무학비결, 송하비결을 보면 난세 영웅출현이라 말하고 있다. 단종찬탈을 시작으로 온 산하에 피를 뿌리고, 학자 충신들이 산속으로 들어가 세상을 한탄할 때 **세조가** 등극했다. 임진왜란의 극한 상황에서 성웅 이순신이 등장했다. 6.25전쟁의 폐허에서 3.15부정선거, 4.19학생의거 장면 정부의 신파와 구파의 싸움으로 국운이 땅바닥으로 추락했을 때 박정희 영웅이 홀연히 나타났었다. 좌파 정치지도자 김대중, 노무현으로 해서 나라가 난파선 꼴이 되어 해외이민이 줄을 잇고, 해외로 공장이전이 가속화되어 국내 공업단지들이 공동화 현상을 보이고 있다. 청년실업자 100만명의 시대가 닥치면서 국민 모두가 불안해하고 있다. 바야흐로 한국에 영웅이 출현할 때가 되었다. 이번에야 말로 실천력 있고 세상을 바르게 망치질할 지도자가 모습을 드러내야 한다, 그 지도자가 바로 연봉전액을 불우이웃에 기탁했던 이명박 서울시장이다. 왜 그가 우리의 참된 지도자인지 따져 보고자 한다.

18. 아, 청계천이여

`

  프랑스는 예술의 국가, 골동품의 국가, 디자인의 국가로 떠오른다.

  수도 파리는 개선문, 몽마르트 언덕, 세느강이 연상된다. 사랑과 낭만 그리고 오페라가 들리고 세느강 관광이 파리를 찾게 만든다. 프랑스는 히틀러군에 의해서 1939년 전쟁개시와 함께 마지노선이 무너졌고 26일만에 파리가 함락됐다. 파리장의 자존심이 여지없이 꺾이면서 사실상 콧대가 주저앉아 버렸다. 프랑스혁명, 권리장전, 루브르박물관 등 파리가 바로 세계역사였던 역동성은 사라지고 좌파와 우파의 정치싸움에 파리는 무너졌다. 화려했던 문화

유산 역시 국력이 쇠잔해지면서 그늘에 가려졌다. 높다랗기만 했던 항독의 선봉장이었던 드골의 위대한 프랑스도 그의 서거와 함께 막이 내렸다. 자살자 세계 최고를 기록하면서 프랑스는 3류 국가로 전락해 버렸다.

그러나 파리의 세느강이 숨을 쉬고, 몽마르트 언덕이 꿈틀거렸다. 개선문이 치장되면서 파리는 디자인 거리로 세계인의 눈을 끌었다. 정치지도자 미테랑이 집권하면서 파리는 유럽 패권국으로 부활했다. 파리가 살아난 것이다. 테제베(TZB), 미라쥐가 하늘과 땅을 제패하면서 프랑스의 영광은 완전 부활했다.

파리에 매년 1000만 명의 관광객이 찾아 들면서 위대한 프랑스가 되살아났다.

파리 부활의 전초기지 역할을 해냈던 세느강을 세계인들은 왜 선호했던가?

호화 관광선과 요트가 뜨고 파리인의 낭만이 숨을 쉬게 했던 세느강의 정취가 부활의 원천이었다.

프랑스 파리에 세느강이 있다면 600년의 수도이면서 젖줄로 흐르는 한강이 서울에 있다. 한강이 살아야 서울이 산다. 전두환 전 대통령의 치적으로 한강개발을 했다. 그러나 한강은 지천인 청계천이 죽으면서 썩은 물이 흘렀다. 인구 1200백만 명, 정도 600년, 한국인구 4분의 1., 국부 5할의 도시 서울이 무능하고 무도한 좌파정권에 의해서 타도의 대상이 되어 버렸다. 민족의 유산이 모여 있는 한국인의 자존심이며 상징인 서울이 죽음의 도시로 전락했다. 끝도 밑도 없이 둘로 쪼개어 놓는 노무현 정권의 양분법에 의해서 희생되어 가고 있는 서울……

서울과 지방으로 양분시켜 서울은 부자들의 삶터로 양분시켜 수도를 공주, 논산지역으로 옮기려 획책했다. 서울을 죽여야 정권이 살아남을 수 있다는 야비하고, 속좁고, 유치한 발상의 정치로 해서 서울은 죽어 가고 말았다.

지방을 향한 끝없는 유혹의 정책들이 쏟아져 나왔다. 혁신도시, 기업도시, 국제도시, 관광도시, 행정도시 등 나라를 망쳐 놓는 청사진이 아무런 실체 없이 난발되고 있다.

이 모든 것이 서울을 향한 비수(匕首)가 되고 있다.

서울이 무도한 좌파 정치인에 의해서 무너뜨리려는 저

의는 무엇일까?

우리는 평양과 대치하고 있다. 지금 서울과 평양은 상대가 되지 않는다. 전쟁의 교과서에 의하면 국력이 10배 수가 차이지면 상대가 되지 못한다. 지금 1인당 국민소득으로 30배, 수출력 100배 차이, 인구 2배 차이, 국부 120배 차이, 자동차 보유 2000배 차이…….

이미 김일성과 박정희 콘테스트에서 게임은 끝이 났다. 평양이 무너지는 것은 순리이며 하늘의 뜻이다. 그럼에도 좌파 친북세력들은 순리와 천도를 무시해 가면서 어떤 음모를 획책하고 있다. 서울을 허약하게 만들면 평양과 대등해질지도 모른다는 엉뚱한 착각을 하고 있다.

지금 세계는 시간경쟁을 하고 있다.

삼성그룹 CEO 황창규법칙이 세계공인을 받았다. 고든 무어가 제시했던 「무어의 법칙」 즉 컴퓨터칩은 18개월마다 가격은 절반으로 깎이고 성능은 두배로 증가한다는 것이다. 그러나 한국의 황창규는 6개월 마다 컴퓨터 성능은 두 배로 늘어난다는 것이다. 컴퓨터의 성능에 따라 세상은 바뀌고 있다. 이미 강대국의 개념이 바뀌었다. 국력과 인구에 의해서 강대국이 되었던 것이 이제는 작지만 강한 국가가 속속 배출되고 있다. 이렇게 세계는 분초를 다투면서 강한 국가가 되기 위해 사력으로 경쟁을 하고 있다.

그럼에도 국가경쟁력을 무너뜨리는 정책을 무모하게 쏟아내고 있다. 소위 행정도시라 해서 정부기관을 몽땅 서울에서 수 백리 떨어진 공주, 논산으로 옮겨서 될 일인가?

서울을 무너뜨리는 공격을 하고 있는 사이 이들과 대처할 세력은 무기력하기만 하다.

그러나 역사는 말하고 있다.

"이제 음모의 시대는 스탈린, 모택동, 김일성의 죽음으로 끝이 났다. 대도(大道)의 정치, 정의와 평화의 힘, 번영의 힘 만이 살아남는다."

바로 19세기와 20세기를 끝으로 상극시대는 끝이 나고 상생의 시대가 도래 했다. 이 상생의 표현으로 이명박 시장은 청계천 부활의 삽을 떴다.

"청계천은 부활할 수 있을까?"

1200만 서울시민, 서울파괴 음모세력, 세계의 눈들이 모두 반신반의 하면서 주시했다. 그러나 이명박 시장의 생각은 달랐다.

"할수 있다!"

혁명가의 외침이었다. 경부고속도를 단돈 400억원으로 뚫어냈던 영웅의 함성이었다. IBRD 차관단이 3개월 경부고속도로를 평가하기 위해서 한국을 방문했다. 그들은 세계가 인정해 주는 테크노크랏트 들이다. 그들이 검증했던 결과는 참담했다.

"30년후쯤 경부고속도로는 필요하게 될지도 모른다. 지금은 낭비다."

그러나 세계적 테크노크랏트의 판단을 엉터리라면서 경부고속도로 공사를 강행했던 영웅들이 있었다. 세계가 깜짝 놀랐다. 불과 3년만에 930킬로를 완성시켜 냈다.

기적이었다!

기적은 영웅들의 몫이다. 잡견(雜犬)들이 짖어봤자 허공의 메아리일 뿐이다. 좌파 정치인들이 때를 만난 것으로 착각하고서 맹공을 퍼붓어 댔다. 특히 김대중 의원의 목소리가 컸었다.

"나라를 망쳐 먹을 짓거리오. 돈도 없고 기술도 없이 어떻게 국토대장정을 하겠단 말이오. 소와 개가 웃을 일이오. 또 만들어 봤자 관광버스 벚꽃 구경꾼들이나 다니게 될 것이오. 이들을 위해서 고속도로를 건설한다니 세계가 웃고 있소이다."

영웅이 출현하면 잡견들은 멍멍 짖어 댄다. 그러나 그 소리에 전혀 관심을 가지지 않는다. 막상 경부 고속도로가 뚫리자 한국의 역사는 달라졌다. 서울에서 제조한 상품들이 부산항을 통해 세계로 유통되었다. 달포씩 걸리던 수출품이 당일로 발송이 됐다. 부산항이 불을 뿜었다. 전국 방방곡곡이 움직이기 시작했다. 잘 살아 보겠다는 국민의 의욕을 잡견들이 짖어댔었지만 모두 허망한 거짓말 뿐이었다.

경부고속도로 건설현장에서 시대의 패러다임을 읽었다. 바로 그 때처럼 분연히 일어섰다. 서울을 무너뜨리려는 세력과 정면 대결을 벌였다.

청계천 상인 22만, 청계천 이용승객 20만 대의 차량이

다니는 청계고가도로를 철거하는 대역사이기 때문에 거센 반대가 있었다. 그러나 소신과 철학이 있었기에 반대자와 4,200회에 걸친 만남과 대화를 강행했다.

왜 그랬을까?

뒤에 청계천 박사가 버티고 있었다. 청계천 연구로 박사학위를 받은 인물이었다. 경부고속도로 건설 처럼 청계천은 서울을 살려 놓고 21세기 세계의 패러다임이 된다는 것이었다.

이제 세계는 환경이 경제이면서 국력이 된다는 것이다. 생산력이 국력의 지표이던 시대는 지났고 환경과 유통이 국력의 지표가 된다는 것이다. 영웅은 환경과 유통에서 출현된다는 뜻이다.

한국인의 고전 남사고 선생의 격암유록에 보면 이런 구절이 있다.

「계명용규하처지, 읍자계변시금성(鷄鳴龍叫何處地, 邑者溪邊是錦城)」

"닭이 울고 용이 소리치는 땅은 어디인가? 물흐르는 근방의 도시가 바로 금성이어라."

500년전 경상북도 영양에서 태어나 왕의 역관(易官)으로 활동했던 고수 남사고 선생의 역저술이다. 그는 프랑스의 노스트라다무스와 견줄만한 인물이다. 격암유록에서 600년후 일본에 의해서 조선조가 망하고 일본의 36년 지배, 제2차 세계대전에서 패망, 조선의 독립, 38선으로 남북분단, 6.25 한국전쟁, 판문점 휴전을 예언하고 있는 격암유록이다. 국립 중앙도서관 고서 목록 古1496호 「격암유록」은 일본총독부가 초미의 관심을 보였던 책이다.

책에서 도시의 강과 천이 그 도시를 사람이 살 수 있는 곳으로 만든다 했다. 남사고 선생은 미래를 내다보는 눈이 신(神)의 경지에 이르러 있었던 분이다. 한국 최고의 도시 서울이 사람살기 좋은 도시가 되고 한국인의 역동성을 살려낼려면 청계천을 복원해야 했다. 이명박 시장이 이와같은 시대의 패러다임을 읽어내고 있었기에 정치생명을 걸고서 추진했다.

이명박 시장은 보통 사람과 차별이 되는 점이 있다. 직무와 명예를 위해서는 생명을 건다.

「필사즉생(必死卽生), 필생즉사(必生卽死)」

이순신 성웅의 사생관이다. 죽기로 마음먹고 나서면 살수 있다는 신념은 사나이의 멋이다. 대학을 갓 졸업하고 신입사원시절에 벌어졌던 일화는 그의 본심을 읽게 만든다.

"이군은 태국 현장으로 간다. 즉시 본사로 올라와야겠어."

진해현장에서 근무하던 12월 초, 본사에서 정주영 사장이 전화를 걸어 왔다. 진해 현장은 내게는 커다란 학교였다. 당시까지만 해도 국내의 건설업체들이 플랜트 건설 공사를 제대로 해 본 경험이 거의 없던 터라, 나뿐 아니라 현장 팀 전체가 시행착오를 거듭하면서 건설 현장에서 일어날 수 있는 모든 상황을 몸으로 터득하고 있었다. 그런데 해외 현장 발령이 떨어진 것이었다. 신입사원인 나로서는 커다란 행운이었고 또 애초에 그것을 목적으로 입사하기는 했지만 그것은 뜻밖일 정도로 일찍 다가왔다.

한국 건설사상 최초의 해외 공사인 파타니 나라티왓 고속도로 건설 공사는 태국 남쪽 말레이시아와의 국경 지대에 있는 두 도시 파타니와 나라티왓을 연결하는 총연장

98킬로미터의 2차선 도로를 닦는 공사였다. 태국 정부가 IBRD 차관사업으로 계획한 공사로 1965년 9월30일 국제 경쟁입찰에 부쳐졌다. 현대건설은 서독, 일본, 프랑스, 이탈리아, 네덜란드 등 16개국 29개 사와 경합을 벌인 끝에 최저 낙찰가로 공사를 따냈다.

낙찰가는 522만 달러였는데 이 액수는 당시 현대건설의 한 해 매출액보다 많은 액수였다. 따라서 현대건설은 총력을 기울였다.

태국 현장은 서울 본사보다 비대한 조직이었다. 이연술 토목담당 부사장과 권기태 이사가 현장 지휘자로 상주하고, 현대건설의 핵심적 관리자와 기술진이 투입됐다. 나는 현장의 말단 경리사원이었다. 내 위에 경리과장, 그 위에 관리부장이 있었다. 이 공사에 참여했던 직원들은 뒤에 현대건설을 이끄는 견인차로 성장하게 된다.

이 공사는 한국 최초의 해외공사일 뿐 아니라 장보고 이래 한반도 최초의 해외진출이라는 의의가 담겨져 있다. 당시 일개 중소기업이었던 현대가 대기업들도 하지 못하던 일을 처음으로 해낸 것이다. 이러한 개척정신이 있었기에 오늘의 현대가 가능했을 것이다.

우리가 처음 나랏티왓에 도착했을 때 그곳의 군수가 환영회에서 했던 연설을 지금도 잊을 수 없다.

"일본은 2차대전 때 사람을 죽이는 무기를 들고 이 땅에 처음 진출 했습니다. 대한민국은 이 땅에 도로를 건설하기 위하여 중장비를 이끌고 진출했습니다. 6.25 전쟁이 벌어졌을 때는 우리가 한국을 도왔는데 이제는 대한민국이 우리를 돕고자 왔습니다. 진심으로 환영합니다."

공사가 끝난 뒤 이 연설문을 새긴 기념비를 세웠다. 지금도 그 자리에서 역사적인 공사를 기념하며 꿋꿋하게 서 있을 것이다.

1966년 1월 7일 착공에 들어갔지만 한국건설의 제1호 해외 공사는 계획대로 진척되지 않았다. 아무런 경험 축적도 없이 의욕만 갖고 달려든 공사였기 때문이었다. 파타니 나라티왓 고속도로는 국제규격화 된 공사였다. 당시 한국에서는 고속도로라는 말조차 생소할 때였다. 고속도로 공사를 위한 장비는 물론 기술자도 없었다.

우리가 국내에서 실어 온 장비가 얼마나 구식이었는지

우리 장비를 본 미국 기술자들이 '이 공사를 5년 안에 끝내면 손에 장을 지지겠다'는 투의 말을 할 정도였다. 우리 장비는 굴러갈 때보다 고장나 있는 시간이 더 많았다. 공사 관리도 마찬가지였다. 현장을 종합적이고 체계적으로 관리할 수 없기는 말단 경리나 지휘부나 차이가 없었다.

인건비를 줄이기 위해 현장 인부를 태국인들을 썼으나 언어가 안통하고 관리가 제대로 되지 않아 갈등과 마찰이 잦았다. 첫 1년 동안 예정된 공사비의 70%를 쏟아 붓고도 공사는 겨우 30%밖에 진척이 되지 않았다. 국제적 망신은 둘째 문제였다. 회사가 존폐의 위기를 맞는 판이었다.

이 무렵 내가 겪은 '금고사건'은 그 위기의 상징이면서 내가 현대건설에 뿌리를 내리는 계기가 되었다.

현장내부에서 갈등이 고조되던 어느 날 저녁이었다. 나는 사무실에 앉아 밀린 장부를 정리하고 있었다. 그때까지 태국에서 고용한 경리직원 둘이 사무실에 남아 있었다. 갑자기 밖에서 웅성거리는 소리가 났다. 밖을 내다보던 태국인 경리가 나를 향해 다급하게 말하는 것이었다.

"미스터 리 빨리 도망가."

태국인 인부들이 들고 일어났나 싶었는데 밖을 내다보니 한국에서 온 인부들이었다. 그들은 군용 단도를 들고 회사 집기들을 다 뒤집어엎었다. 폭도들의 난동이었다. 낌새를 눈치 챈 현장의 간부들이 자동차를 타고 달아나는게 보였다. 한국인은 나를 빼면 모두 '폭도'들뿐이었다. 오히려 태국인이 더 많이 남아 있었다.

폭동이 일어날 요인은 한국을 떠나올때 이미 잠재돼 있었다. 서울에서 장비 기능공을 모집했는데 나중에 알고 보니 인천 지역의 폭력배들이 대거 뽑힌 것이다. 해외공사 현장이므로 특혜가 많았다. 이를 독차지하기 위해 폭력배들이 '위장취업' 한 셈이었다. 현장의 태국인들도 불만이 많았지만 태국 인부보다 한국에서 온 기능공들이 먼저 폭발한 것이다.

폭도들은 내가 있는 사무실을 최종 목표로 삼고 있는 듯했다. 그러나 피할 수가 없었다. 그들은 내 사무실을 포위하고 있었다. 사무실 밖으로 나가 봤자 그들에게 붙잡힐 것이 뻔했다. 내가 자리를 피해 버린다면 금고와 경리

장부는 어떻게 될 것인가? 나는 사무실에 남기로 했다.

　폭도들은 닥치는 대로 부수고 소리를 질러대면서 내 사무실 쪽으로 걸어왔다. 마지막으로 남아 있던 태국인 두 사람도 그들이 근접하자 피할 수밖에 없었고 사무실에 나만 남게 되었다.

　사무실 문이 쾅 하고 열렸다. 사무실로 들어선 폭도들은 15명 정도였다. 술 냄새가 확 풍겼다. 술에 만취된 폭도들은 칼과 각목을 든 채 거친 숨을 내쉬고 있었다. 술에 취한데다가 잔뜩 흥분돼 있으므로 어떤 일을 저지를지 도무지 짐작할 수 없었다.

　그들은 내가 혼자 있는 것을 보고 잠시 숨을 돌리는 것 같았다. 그 중 한명이 들고 있던 단도를 갑자기 내 책상, 금고 옆에다 내려꽂았다.

　"야, 좋은 말로 할 때 금고 열쇠 내놔."

　"못내놓겠다."

　"어? 너 죽고 싶냐?"

　그들은 칼로 내 얼굴을 그을 듯 한 기세였다. 나는 뒤로 몇 걸음 물러서서 등을 벽에 딱 갖다 댔다. 그들은 히죽히죽 웃음을 흘렸다.

"그래? 금고 열쇠를 못 내놓겠다고? 어디 한번 보자."

단도가 내목의 왼쪽에 꽂혔다. 나는 오른쪽으로 고개를 돌렸다. 앞이 캄캄했다. 이번에는 오른쪽 목옆으로 칼이 지나갔다. 나도 모르게 고개가 왼쪽으로 돌아갔다.

'이러다가 죽는구나.'

나는 눈을 감아 버렸다. 칼이 꽂혀도 피하지 않았다. 순간적으로 돌아가신 어머니가 보였고 고향의 형제들이 떠올랐다.

죽음에 한 발을 들여놓게 되자 금고 열쇠를 주어 버릴까 하는 생각이 퍼뜩 들었다. 사실 금고안에는 잔돈 몇 푼밖에 없었다. 이런 상황에서 금고를 내준다고 해서 누가 뭐라고 할 것도 아니었다. 그러나 나는 끝내 금고 열쇠를 내주지 않았다. 회사 때문은 아니었다. 사명감 같은 것도 생각할 겨를이 없었다. 단지 굴복당하기 싫은 본능 때문이었다. 내 눈 앞에서 그런 일은 일어날 수 없다고 생각하며 나는 이를 악물었다.

"하아, 이 자식이 눈을 감아 버렸다. 눈을 감으면 재미가 없지. 야. 임마 눈떠."

나는 눈을 떴다.

"내가 열어 줘야겠다."

그들은 단도 위협이 별 효과가 없자, 나에게 금고를 가리키며 직접 열라는 것이었다. 금고 쪽에 있던 두 사람이 길을 터 주었다. 나는 서너 걸음 걸어 금고로 다가갔다. 그리고는 순식간에 그 금고를 가슴에 끌어안았다.

"야 뭉개 버려."

몇 개의 손이 내 뒷덜미를 잡아챘다. 나는 사무실 바닥으로 쓰러졌다. 나는 책상에서 떨어져 금고를 안고 엎드렸다. 발길질이 들어오기 시작했다. 내가 안고 있는 것은 금고가 아니라 나의 자존심이었다. 옆구리와 등, 엉덩이, 온몸에서 불이 났다. 그럴수록 나는 있는 힘을 다해 금고를 끌어안았다.

그때 경찰차의 사이렌 소리가 들렸다. 급하게 브레이크를 밟는 소리가 들리는 순간이었던가. 폭도들은 튀어나갔다. 경찰과 함께 들이닥친 직원들은 금고를 안고 넋이 나가 있는 나를 보자 사태를 알아챈 듯 한동안 말이 없었다.

이 사건은 방콕 지사와 서울 본사에까지 알려지게 되었다.

"경리사원 이명박이 목숨을 걸고 혼자서 금고를 지켜냈다."

"그 친구 혼자서 폭도들과 대결하여 물리쳤대잖아. 눈이 쬐끄만 게 간이 커 보이더니, 정말 대단한 친구야."

말단 사원의 무용담은 이내 신화로 증폭되었고, 나는 영웅이 되어 갔다. 그러나 나는 이 일을 지금도 대단치 않게 여긴다. 사명감이나 이성적 판단에 의한 결과라기보다는, 나의 본능적인 자존심에서 우러나온 것이기 때문이다.

(이명박 저 신화는 없다에서 발췌)

사나이의 목숨은 어디에 거느냐에 따라서 그 목숨의 가치가 결정된다. 이순신 성웅이 한국인의 가슴속에 영원히 묻혀 있다. 5000년 역사에 높이 각인이 되어 있다.

왜 이순신이 성웅인가?

그는 나라를 위해 목숨을 바쳤다. 23전 23승의 기록보다 그 싸움에 목숨을 걸었던 것이 그의 명예를 높이게 만들었다.

서울 흑석동에 육탄 10용사의 탑이 있다.

1949년 4월25일, 38선의 송악산 토치카 10곳에서 북한군의 공격이 수시로 한국군을 괴롭혔다. 소련군이 구축해 놓은 토치카는 견고했다. 한국군의 군사장비로는 대처할 수 없었다.

바로 이때 육탄공격 방법이 튀어 나왔다. 박격포탄을 가슴에 안고서 적진에 뛰어 들어 폭파시켜 버리는 방법이다.

지원자가 줄을 잇었다. 서부덕 소위, 유승원 상사, 박창근 상사, 육옥춘 상사, 김종해 상사, 황금재 상사, 이희복 상사 등 10명이 선정됐다. 이들은 낮 12시부터 작전을 개시, 낮은 포복으로 침투했다. 오후 2시 일제히 적의 토치카에 뛰어 들었다. 그리고 박격포탄을 폭발시켰다.

이렇게 송악산 토치카는 폭파됐다. 이들 10용사는 장열하게 순국했다. 마치 안중근, 윤봉길 의사처럼 나라를 위해 목숨을 바쳤다. 그들의 육탄정신은 한국군의 정신으로 승화됐다. 6.25 한국전쟁 3년 동안, 70만 명이 전사했다. 그들 모두가 육탄 10용사의 정신으로 순국했다.

인간 폭탄이 되어 나라에 목숨을 바쳤던 육탄 10용사의 죽음은 거룩하다. 그들이 있었기에 대한민국이 존재한다. 사나이의 목숨은 이렇게 바칠때 거룩해 진다. 작은 금고에 목숨을 걸었던 이명박 신입사원은 그 사건으로 일약 현대건설에서 유명 인사가 됐다.

금고지키기 정신으로 청계천 복원공사를 진두지휘했다. 갖가지 난관이 돌파된 것은 바로 육탄 10용사의 정신이 발휘됐던 것이다.

"아, 청계천이여."

사나이의 명운을 걸어볼만한 일이었다. 청계천의 지개꾼, 리아카꾼 노점상, 상인, 건물주, 거주민 등 20여만 명이 목숨걸고 반대 시위가 연일 시청 앞 광장에서 벌어졌다. 시위 전문꾼들이 가세하여 징치고 꽹과리 치면서 시위 이벤트판을 벌려댔다.

"청계천 사람 죽이지 마라!"

"하루 잔치 위해 1000일 굶을 수 없는 하루살이를 보라!"

"청계천 복개공사 결사반대!"

"공명심에 날뛰는 이명박 시장, 물러가라!"

날이 밝아 오면 밀물처럼 몰려오는 시위꾼 등쌀에 일을 제대로 하지 못할 지경이었다.

"시장님 청계천 공사를 재고해 보시지요."

"무슨 말씀이시오?"

"청계천 반대시위하고 있는 사람도 서울시민입니다. 생계는 목숨입니다. 저렇게 결사적으로 반대하는 사람의 의견도 들어주는 것이 민주주의입니다."

"청계천 복원공사는 서울의 역사를 바꿔 놓는 일이오. 1200만 시민 가운데 극소수 사람들 주장에 청계천 청사진을 버릴 수 없소. 나는 목숨을 걸었소."

부르도자식 추진력과 불굴의 집념과 고집 그리고 민주적으로 대화하는 합리성을 가진 이명박 시장을 무릎 꿇릴 수 없는 일이었다. 고가도로가 철거되고 청계천 콘크리트 바닥이 네모 반듯한 두부모처럼 잘려 나가기 시작하자 서울시민들은 감탄사를 연발했다.

"아, 청계천이여!"

서울의 역사는 한국의 역사다. 청계천이 옛 모습을 찾게되고 물이 흐르자 경부고속도로 건설을 반대했던 사람들처럼 어디론지 사라져 버렸다. 4800만 전 국민이 환호했다.

전선에서 승리하고 돌아오는 시저를 환영하는 로마시민들 처럼, 이명박 시장은 영웅이 됐다. 청계천이 그의 역량을 박정희 대통령으로 연상했다. 노태우, 김영삼, 김대중, 노무현으로 이어지는 무능력함과 무기력함 그리고 악취 풍기는 부정부패에 고통을 받아 왔던 국민들이 모처럼 든실한 영웅을 대면하게 된 것이다.

3년 넘게 시달림을 받아 왔던 불황에서 지도자의 무능과 무기력이 국가와 국민에게 어떤 결과를 낳고 있는 것인가에 대해 뼈저리게 통감하고 있던 차에 청계천의 이명박을 대변하면서 꿈과 희망을 보았다. 그러니까 국민들의 대환영은 무능한 노무현 정권으로부터 반사이익을 톡톡히 보고 있는 셈이다.

"영웅은 시대가 만들어 낸다."

천번만번 맞는 소리다. 현대건설 사장과 서울시장은 다르다. 서울시장은 대한민국 축소판이다. 서울시장을 훌륭하게 해내면 대통령 직무수행을 훌륭하게 해 낼 수 있다. 서울시장은 정치를 하는 자리다, 현대건설 사장처럼 이익 내는 일에만 전념하는데 반해서 서울시장은 영세민의 삶도 살펴야하고 노인과 아녀자의 복지에도 개입을 해야 한다. 이 처럼 어려운 일을 하면서 노무현 대통령과 비교를 하고 있는 서울시민들이다. 더 정확하게 말한다면 대한민국 국민들이요. 세계 사람들이다.

한 마디로 행운이다.

속 좁은 정치, 무능력한 통치, 이미 사형선고가 내려져 버린 좌익사상실험, 코드인사로 해서 사고뭉치가 되어버린 청와대 공무원들의 불법행위, 국민들이 외면하여 건국 이래 최저 지지율…….

이것이 노무현 대통령의 현주소다.

이에 반하여 이명박 시장은 어떤가?

청계천 효과라고까지 격찬하는 청계천 신화창조, 중앙

로차선제 시행으로 교통혁명, 노무현은 국가부채 148조원을 증가시켰는데 서울시는 7조 5,000억 원의 부채에서 3조원을 상환했다. 복마전으로 회자되던 서울시 공무원인사혁신으로 작은 서울시, 강한 서울시로 변모, 강북 뉴타운계획으로 생동감 넘치는 서울시가 됐다. 심지어 자사고, 외국어고, 국제중학교 설립제안으로 방황하는 문교행정의 지표가 됐다.

이것이 이명박의 평가서다.

추락하는 노무현 대통령과 명확하게 차별화가 되고 있다. 그래서 노무현 반사이익으로 영웅이 됐다. 현대건설의 리틀 정주영에서 대한민국의 리틀 박정희로 부활한 셈이다.

19. 왜 이명박인가

서울을 바꾼 시장 이명박이 크게 보이고 있다.

부르도자로 별명이 붙어 있는 김현옥 시장과 다른 모습이고 국운이 기울어져 가고 있는 때라서인지 단연 돋보이고 있다.

가난하게 자랐지만 결코 비굴하지 않았던 모습, 거짓말이 지도자의 습성처럼 느껴지고 있는 판에 거짓말을 모르는 공직자, 매사에 앞장서는 꿋꿋한 모습, 못생겼지만 행동은 빠르고 든든해 보이는 인품, 넘처나는 자동차로 해서 짜증나는 서울시 교통을 차선 바꿔 런던의 거리처럼 만들어 낸 일솜씨, 운명에 굴복하지 않고 역발상으로 개척의 대상으로 삼고 있는 용기, 신앙심으로 밝고 맑은 영혼을 가진 보통사람, 하늘을 우러러 한 점 부끄러움이 없는 지도자의 모습을 우리는 이명박 시장에게서 보고 있다.

"아, 영웅의 모습이여!

우리는 당신을 통해서 난국을 개척해나갈 일꾼을 보았소. 모처럼 시원하고 꿈과 희망을 갖게 되었소. 작지만 강력했던 5척 단신의 등소평이 눈앞에서 달려가고 있는 것 같소. 싱가폴의 이콴유 같은 거인을 한국에서도 보고 있소. 작은 눈으로 미래를 째려보는 당신의 꿈은 우리의 미래가 아니겠소."

시인이라면 이러한 시구를 헌사하고 싶을 뿐이다. 반듯한 외환은행을 미국의 투기군 론스타에게 헐값으로 팔아먹은 매국노들이 테니스를 즐겼던 대인을 향해 대역죄인으로 몰아 부치고 있다.

황제 테니스!

하루 4시간 잠을 자면서 서울을 세계에 자랑할만한 대도시로 바꾸어 놓으려 전력투구했던 이명박 시장에게 감사의 뜻은 표하지 않고 빈궁한 서민들이 싫어하는 단어 「황제」 수식어를 동원해서 밤낮으로 짖어대는 잡견(雜犬)들과 함께 살고 있다.

"깜짝 놀랄만한 대사건을 여러분에게 공개할 예정입니다. 기대하십시오!"

열린우리당 원내대표 김한길 의원의 예고탄이었다. 무슨 대사건이 있었을까?

말도 되지 않는 말로 국민들을 어리둥절하게 만드는 허언(虛言)이었음이 당장 밝혀졌다.

"사건 내용은……"

김한길 원내대표는 이명박 시장이 테니스 회원들과 뒷풀이로 가평 별장에서 여인들의 시중을 받으면서 술판을 벌렸다는 것이다.

참으로 한심스런 김한길 원내대표의 고발이었다. 그들은 테니스 동호인이었고, 그 가운데 노대학교수 부부도 있었다. 그리고 호화 별장이 아니고 전원주택이었다. TV 화면에 현장이 비쳐지자 여기저기서 비난의 화살이 쏟아졌다.

"세상에 이런 볼썽사나운 일이 있는가? 음해를 해도 비열한 음해를 이렇게 해도 되는가?"

언론에서도 김한길 비판이 빗발 쳤다. 드물게 보는 역풍을 맞은 것이다. 역사가 밝혀내야할 과제로 남아 있는 김대업 허위고발 배후, 설훈의 허언, 기양건설 10억 원 수뢰사건이 모두 허위로 법원에서 밝혀졌다. 이와같은 공작이 이회창 후보를 낙선시켰던 것이 국민정서에 상처로 남아 있다. 그때 재미를 톡톡히 보았던 세력들이 뻔뻔스럽게도 그 검은 유혹에 빠져 있음을 국민들이 고발했던 것이다.

황제 테니스라는 비판 역시 냉혹한 검증이 있어야 한다. 밤낮으로 달리기만 하고 있는 이명박 시장이 몸을 추스르고 에너지를 충전하기 위해서 테니스 스포츠를 했다. 이에 대해서 박수를 보내면서 격려해야 한다. 독일 외무부장관이었던 요시카는 체중이 140킬로에 육박하자 달리기를 시작했다. 아침저녁으로 달리기를 했고 때로는 근무시간중에도 뛰었다.

이때 독일 국민들은 어떤 반응을 보였던가?

녹색당 당수이기도 했던 그에게 큰 박수를 보내면서 「살과의 전쟁」에서 승리하기를 간절하게 기원을 보내 주었었다. 그는 살빼기에 성공해서 70킬로를 기록했다. 그러자 뚱뚱보라며 이혼까지 당했었는데 당장 청혼이 연달아 쇄도하는 바람에 재혼까지 했다.

독일 국민들은 왜 공직자의 스포츠에 대해서 박수를 보냈을까?

그의 건강이 바로 나라의 건강이며 국력(國力)이라는 생각을 하고 있기에 큰 박수를 보내 주었던 것이다.

무능과 부패의 복마전(伏魔殿)이었던 서울시를 세계 제일의 클린 행정의 터전으로 건설해 놓은 개혁의 기수 이명박 시장의 건강에 대해서 관심을 가져야할 사람들이 오히려 적반하장격으로 흠집을 내기 위해 황제 테니스라고 공격을 하고 있다.

이들이 제 정신이 있는 사람들인가?

정신 나간 사람들의 음해에도 이명박을 지켜 내려는 국민들이 압도적으로 많은 것은 모두 이유가 있다.

작은 나라지만 강한 국가를 만들어낼 사람은 바로 이명

박 이라고 보고 있기 때문이다.

폴 케네디의 「강대국의 흥망」에서 이렇게 기록하고 있다.

"이책이 전하고자 하는 한 가지 중요한 메시지, 즉 국제체제는 끊임없이 변화한다고 하는 사실과 어긋나기 때문이다. 이러한 변화는 정치가들의 일상활동과 정치적, 군사적 사건들의 부침에 의해 이야기될 뿐 아니라 때마침 표면으로 부상하고 있는 세계강대국의 기반에 일어나는 더욱 깊은 변혁에 의해서도 야기되는 것이다."

무섭고 끔찍한 일이다. 국가의 운명이 정치가의 일상활동, 정치적 사건의 부침에 의해서 결정이 되어진다는 것이다. 이 말은 정치지도자가 무능하면 그 나라는 무너지고 만다는 것이다. 신라의 멸망, 백제의 멸망, 고구려의 멸망, 고려와 조선의 멸망 때 지도자의 무능과 허망한 생각을 한다. 마치 우주순환처럼 나라가 멸망하게 되면 어김없이 무능한 정치 지도자가 출현한다.

지금 국가가 위기의 상황이라 보고 있는 이유가 무능한 대통령이 연달아서 등장했다. 폴 케네디가 보고 있는 멸만경(滅蠻經)이다.

중국인들은 풍수지리를 철저하게 신봉했다. 걸출한 인물이 배출되려면 명당에 조상의 뼈를 묻어야 한다고 생각했다. 그래서 중국을 에워싸고 있는 야만족에게 풍수지리 책을 배포했다. 그 책에는 명당이 아닌 곳을 명당이라 기록했다. 그 책은 한 국가와 민족을 멸망에 이르게 하는 서적인 셈이다. 한 나라의 국운이 융성하려면 위대한 지도자가 출현하고 그렇게 되면 한족의 중국이 위협받게 된다는 폐쇄적인 사고에서 나온 것이 멸만경이다. 만능의 풍수사상이 엉뚱한 국가수호신이 되었던 셈이다.

이들 어설픈 사이비 지도자 시대를 종식시켜내고 유능한 인물이 나와야할 시점에 와 있는데 바로 그 사람이 이명박이라 보는 것이다.

그러나 다시한번 의문부호를 그려본다.

왜 이명박인가?

난세의 위기를 극복하고 새로운 나라를 개척해 낼 사람으로 이명박을 꼽고 싶다. 삶에서 무수한 위기를 극복해내고서 정상에 올라섰다. 그때 그가 보여 주었던 난관돌파하는 모습은 하나의 감동으로 남아 있다.

순간의 기분으로 표를 던져 지도자를 선택했던 감성의 정치는 끝을 내야 한다. 정치는 말이나 패션이 아니다. 더욱이 색깔을 가지고 국민을 현혹시켜서도 안 된다. 젊은 세대들은 색에 대해서 민감하다. 엷은 연보라 색깔로 무장하고서 서울시장 출마선언을 했던 강금실 전법무부장관에 대해 시민지지율이 급전직하했다.

참으로 감동적인 장면이 벌어졌다.

그 장면을 보면서 한국인의 정치의식이 변했음을 알려 주었다. 감성정치는 나라를 망치는 첫걸음이다. 히틀러가 매년 9월에 펼쳤던 나치스당대회는 신으로부터 용서받지 못할 입이라고 평했던 괴벨스에 의해서 유별나게 치러졌다. 뉘른베르크의 대회장은 장대한 붉은 깃발로 숲을 이루었다. 기수들의 세련된 모습과 색깔의 강렬함이 모두 마음과 혼을 빼앗아 갔다. 손뼉 치면서 열열한 지지를 했다. 오케스트라 보다 더 거대한 군중과 귓창을 찢을 것 같은 강렬한 음향이 하늘을 찌를 것 같은 환상을 심어 주었다.

"거짓말을 하라. 당당하고 떳떳하게 반복하라. 처음에는 부정되고 다음엔 의심받지만 되풀이하면 결국 모두 믿게 된다."

독일 문학박사 요제프 괴벨스는 선전과 선동으로 히틀러를 왕이 되는데 필요한 모든 덕목을 갖춘 타고난 호민관으로 둔갑을 시킨다.

이것이 전 세계에 얼마나 비극적인 재앙을 초래하게 만들었던가?

색깔과 감성으로 지도자를 선택하는 것은 술책이 아니라 죄악 그 자체다. 이명박이 걸어온 족적은 영웅으로 자리매김하기에 충분했다. 감성은 이성을 흐리게 만들지만 족적은 믿음을 준다. 김진표 교육부총리는 갈 지(之)자 행보로 국민의 생각을 헷갈리게 하고 있다. 족적에 대한 신뢰를 상실하게 하고 있다. 한 마디로 추악한 공직자다. 그러나 그와같이 유별나지 않은 보통사람의 족적은 믿음뿐만 아니라 신뢰를 창출하게 만들고 있다.

여기서 마지막으로 다시한번 의문부호를 던져 본다.

왜 이명박인가?

그는 하늘을 두려워할 줄 아는 인물이라는 점이다.

아버지(이충우), 어머니(채태원) 모두 독실한 기독교 신앙인이었고 부모 따라서 교회에 열심히 다녔던 신앙인(새소망교회 장로)이다. 아무리 바쁘고 힘들어도 교회 예배에는 빠지지 않는다.

부정과 부패는 원초적으로 싫어한다. 거짓말 역시 애시당초 피한다.

그저 맑고 밝은 영혼을 사모할 뿐이다. 목적을 위해서는 수단과 방법을 가리지 않는 정치 지도자에게서 얼마나 많은 배신을 체험했던가.

오늘 한국에서 벌어지고 있는 모든 문제는 모두 거짓말에서 시작되고 있다.

송대 명신 20명의 언행을 기록해 놓은 송명신언행록(宋名臣言行錄)이 있다. 10가지 금언으로 되어 있다.

그 가운데 첫 번째가 하늘을 두려워 한다로 되어 있다.

지도자는 항상 몸과 마음을 비우고 잡스런 생각을 하지 말아야 한다. 잡스런 생각을 하면 하늘이 안다. 하늘은 용서가 없다.

하늘을 무서워할줄 아는 지도자는 항상 정면돌파를 한다. 이명박이 살아온 세월은 정면돌파였다. 매사를 원리원측을 최고의 덕목으로 삼는다.

"세상에는 원리원측만을 고집하면 적이 생겨난다. 그래서 현실과 타협할 줄 알아야 한다."

둘째 형 이상득은 아버지 같은 존재다.

서울대 상과대학을 졸업하고 한국나이롱(현 코오롱)에 간부사원으로 근무했던 형이 아우에게 충고했다. 살벌한 노동자판에서 원리원측은 결코 최선의 길이 아니라는 것이다.

그러나 이명박은 원리원측을 신앙처럼 알았다.

왜 그랬을까?

그의 마음속에는 살아 있는 예수가 있었다.

두 눈을 부릅뜨고서 냉철하게 쳐다보고 있었다. 그래서 적당히와 불법, 부정, 부패와 타협할 수 없었다.

지도자에게 있어 천인합일(天人合一) 사상을 지니고 있다는 그 자체가 축복이고 행복이다.

세상이 어렵고 시대가 각박하면 할수록 하늘을 가까이

하고 무서워해야 한다. 그래서 이명박은 확실한 인물이라 말하고 싶다.

20. 검증받은 자, 인간 이명박

마지막으로 다시한번 의문부호를 그려 본다.

왜 이명박일까?

서울을 확 바꿔 놓은 검증 받은 일꾼이다. 한국 근현대사에서 많은 인물이 국민의 부름을 받고 무대에 등장했다. 그들 가운데 상당수가 검증 받지 못한 이들이었다. 이들은 역사에 죄를 짓고 황당한 짓을 했다.

얼마나 고통스럽고 괴로웠던 세월이었던가?

화려한 거짓말로 교언영색(巧言令色)하며 대통령 자리에 올랐던 김대중은 무고한 대우그룹을 공중분해시켜 가신들이 하이에나처럼 부정을 저질렀다. 또 햇볕정책이라면서 많은 돈과 식량, 비료, 농약 등을 북한에 퍼주었다. 그는 민족공조라며 김정일 독재정권 보호에 열과 성을 다했다.

무모한 정책을 남발했던 셈이다.

왜 이런 일이 벌어졌을까?

검증 받지 못한 이념병자이면서 좌파친북 세력이었기 때문이다.

노무현 대통령은 어떤가?

거짓말로 자기를 합리화시켜 역사에 엄청난 죄를 범하고 있다. 세계는 지금 작은 정부를 향해 달려가고 있다. 그러나 그는 거대 정부를 향해 전력 질주하고 있다. 공무원 3만5000여 명 증원시켰다. 정부투자기관은 노무현 사람들로 채워지고 있다. 그러다보니 정부투자기관의 경영개선이나 구조조정은 물건너 가버렸다.

그 결과는 무엇일까?

국가부채가 146억 달러에서 300억 달러로 껑충 뛰었다.

"OECD 국가 가운데서 정부부채가 낮은 나라에 속합니다. 걱정하지 마십시오."

억지와 변명이 춤을 추고 궤변이 하늘을 찌르고 있다. 세상을 볼줄 알고 있는 사람들은 너도나도 보따리 싸고서 외국행 출국럿시를 이루고 있다.

참으로 한심스런 세태다.

왜 이런 일이 벌어지고 있는 것일까?

노무현 대통령은 검증되지 않고 준비되지 않은 인물이었다. 검증되지 않은 인물의 의외성은 어쩔 수 없는 시행착오를 가져오고 그것은 모두 국민의 고통이 된다.

영국 챔벌린 수상은 명 웅변가였다. 그의 달변은 관중을 사로잡았다. 그는 앞을 내다볼 줄 모르는 근시안 환자였다. 독일의 히틀러가 유럽 정복을 꿈꾸면서 전쟁준비에 열을 올렸다. 이러한 정보를 입수하고서 전쟁이 두려워 영독불가침 조약을 체결했다. 유럽에서 히틀러와 맞대결할 나라는 영국밖에 없었다. 영국의 발을 묶어 놓는 족쇄로 영독불가침 조약을 체결했다. 그런 줄 모르고 챔벌린 수상은 런던 공항에서 웅변한다.

"친애하는 영국국민이여, 여기 평화보증서가 있습니다. 오늘부터 두 발을 길게 뻗고서 베개를 높이하고 주무세요."

공항에서부터 국회의사당까지 카퍼레이드를 벌렸다. 그로부터 3개월이 지나자 히틀러는 폴란드 침공을 시작으로 오스트리아, 헝가리, 체코, 프랑스를 점령해 갔다. 그리고 영국에게 선전포고를 했다. 런던 시가지가 독일 공군기의 습격으로 폭탄이 작열했다. 챔벌린은 전쟁 공포증 환자였다. 부들부들 떨면서 입을 떼지 못했다. 그리고 영국 국왕 조지6세에게 사표를 제출했다.

영국은 건국이래 최대 위기에 직면했다. 검증되지 않은 챔벌린 수상으로 해서 발생된 위기였다. 그가 그런 어리석은 조약을 체결하지 않았더라면 제2차 세계대전은 일어나지 않았을 전쟁이었다.

지도자의 검증은 국운을 좌우하는 일이다.

그런 의미에서 이명박은 지도자로서 합당한 검증을 받은 것이다. 시대의 패러다임을 정확하게 읽어낸 인물이다. 적재적소에 유능한 인재를 발굴해서 쓰는 능력위주의 인사는 자기 직무에 대해 프로가 되도록 만들었다.

노무현 대통령이 코드인사를 하여 국정의 능율이 떨어

지고 국가경쟁력이 후퇴하고 있다. 청와대 소속 공직자들이 갖가지 사고를 일으켜 국민불안을 가중시키고 있다. 장관 내정자의 부동산투기, 아들 병역기피, 이중국적 취득 등 상식밖의 일들이 빈발하고 있다.

인사가 만사가 되는 국정에서 갖가지 부조리가 벌어지고 있다. 그러나 이명박 시장은 한 치의 오차 없는 인사로 효율화가 이루어지고 있다.

시정 60년 역사상, 가장 효율적이고, 합당하다는 평가는 결코 우연이 아니다. 경영 CEO시대의 모범이 되면서 시 운영에서 회사처럼, 가정살림처럼, 경영학이 접목되기도 했다.

검증받은 인물은 많은 대통령 지망생 가운데 유일하다. 따라서 왜 이명박인가에 대한 정답은 검증받은 인물이어서 국민 모두가 선택하려고 하고 있다.

국민여론 조사에서 부동의 1위는 국민의 신뢰에서 나오고 있음을 알아야 한다.

21. 21세기 대운하 프로젝트

운하건설은 아무나 못한다. 1980년 2월 어느 날 월스트리트 저널에 이런 광고가 실려 있었다. 만약 당신이 좌절감에 사로잡혀 있다면 이런 사나이를 생각해보라.

그는 초등학교를 중도 퇴학했다. 그는 시골에서 잡화점을 경영하다 파산했다. 그 빚을 갚는데 15년이나 걸렸다. 그의 결혼생활은 매우 불행한 것이었다. 그는 하원의원 선거에서 두 번이나 낙선했다. 상원의원 선거에서도 두 번이나 낙선했다. 그는 자기 이름을 늘 A 링컨이라고 서명했다. 직장을 잃은 사람, 절망과 좌절에서 허덕이는 사람, 희망을 잃은 젊은이에게 드리고 싶은 말이다.

이명박은 결코 포기하지 않고 일자리를 만들고 젊은이와 국민에게 희망을 주는 모델이 된 것이다.

독일의 라인강의 기적을 보고 운하를 계획한 것이 아니다. 이명박의 한반도 대운하 프로젝트는 15대 국회의원 시절이었던 1996년 7월부터 구상해온 프로젝트로 경부운하(가칭), 호남운하, 북한운하 등 3개 운하를 건설하여 하나로 연결한다는 구상이다.

프로젝트는 한강과 낙동강을 연결하는 경부운하 건설이 핵심으로 총 연장 553km의 대수로를 만드는 사업이다.

문경새재부근 조령의 해발 140m 지점에 20.5km의 터널을 건설하고 터널 양쪽에 두강의 수위를 맞춰주는 갑문을 건설, 물길을 연결한다.

물길의 고속도로인 셈이다.

총연장 200km의 호남운하는 영산강하구와 금강을 거쳐 경부운하로 연결되며 북한운하는 2가지 연결방법이 연구되고 있다. 예성강과 대동강, 청천강을 이어 신의주까지 수로를 연결하는 방법과 임진강부터 예성강을 연결 원산까지 수로를 연결하는 안이다.

이명박이 한반도 대운하에 대해 프로젝트를 강조하는 이유는 물류비용 절감, 국토균형 발전, 수자원 보존 및 효율적 이용, 관광산업 발달 등 파급효과가 크다는 판단 때문이다.

전 세계에 운하가 없는 나라가 없다.

미국의 대서양안 내륙수로 3,57km, 일리노이운하 526km, 멕시코만 연안내륙수도 1,770km, 아시아국가 중 방글라데세의 갠지스-코바디크운하 3,054km, 티스타운하 2,262km, 인도의 바크라운하 4,490km, 다모다르운하 2,494km 등 8개의운하가 경제부흥의 견인차 역할을 하고 있다.

중국의 대운하는 고질적인 홍수와 물 관리를 위해 요임금이 곤이라는 신하에게 장마를 대비해 홍수를 막으라 명을 내렸다. 그 신하는 9년동안 연인원 30만명을 데리고 고생을 했지만 결국 실패하고 말았다. 요임금 뒤를 이은 순임금은 곤의 아들 우에게 홍수를 막으라고 명했다. 부친의 실패를 거울삼아 천하의 지세를 고려하여 물길을 뚫어서 홍수가 바다로 들어가게 했다. 꼬박 13년 동안 천하를 돌아다니면서 중국의 모든 강을 우가 그때 홍수를 다스리면서 파놓은 물길로 운하를 만드는 것이다. 홍수를 다스린 공으로 우는 순임금의 뒤를 이어 천하를 물려받아 "한" 나라를 세웠다.(BC 4세기경(BC 6세기경)

비교적 운하관리가 세계적으로 제일 잘되어 있는 독일의 경우를 보자. 노르트쿼트 운하 112km외 11개의 운하가 국토의 균형발전과 효율적인 용수(用水)관리에 엄청난 도움을 준다. 러시아의 항해용 운하로는 비슈니 볼로쵸크운하 (1,406km)로 1703-1709년에 걸쳐 완공된 것이다. 포르투칼의 알렌테주운하 9,000km는 다목적용으로 1959년에 착공하여 현재까지 계속되고 있다. 이집트의 수에즈운하(168km)는 (1856-69) 중동과 아프리카가 유럽을 부르는 촉매의 대장정(大長征)인 것이다. 그외에도 세계의 연결고리 파나마 운하(82km)를 보면서 인류역사에 운하의 필요성을 다시 한번 더 강조해도 지나침이 없다.

대한민국의 소인배들은 수십가지 이유를 들면서 운하

건설을 반대할 것이다.

경부고속도로 건설을 끝까지 반대했던 DJ는 당시 30년 이후에나 고속도로 건설을 주장한 사람으로 지금은 무슨 생각을 하고 있을까?

경부고속도로가 제1경제 도약기를 이끌었다면 한반도 대운하 건설로 제2경제 도약이 일어나야만 국운이 융성해 질 것이다.

경부운하 건설비 15조 생산유발효과 22조가 단순히 경제효과를 떠나 실망과 좌절의 늪에 빠진 국민을 일으켜 세우는 계기를 만들고 갈라진 물길이 연결되듯이 국민을 하나로 통합하는데도 크게 기여할 것이다. 4년이면 경부 운하 건설은 족하다는 평가다. 대한민국이 상전벽해(桑田碧海)가 되는 것이다. 5천년 역사에 대운하건설로 대한민국은 다시 한번 웅비한다.

국민이여 포기하지 마라!

윈스턴 처칠은 20세기의 가장 뛰어난 정치가 중 한사람 이었다. 그런 그가 중학교시절 3년이나 진급을 못했다.

늘 영어과목에서 낙제했기 때문이다. 육군사관학교에도 들어가지 못하고 포병학교에, 그것도 명문의 자제라는 특권 때문에 입학이 되었다.

그런 그가 먼 훗날 옥스퍼드대학의 졸업식에서 축사를 하게 되었다.

처칠은 우레와 같은 박수를 받아가며 위엄있게 연단에서 걸어 나와 천천히 모자를 벗어놓고 청중을 바라보았다. 청중은 숨소리를 죽이며 그의 말을 기다렸다.

포기하지마라! (Don't give up)

이것이 그의 첫마디였다. 그리고는 처칠은 천천히 청중석을 둘러보았다. 사람들은 조용히 그의 다음 말을 기다렸다. 처칠은 목청을 가다듬고 다시 소리쳤다.

결코 포기하지 말라! (Never give up)

그러고는 그는 위엄으로 가득 찬 동작으로 연단을 걸어 나갔다.

이명박은 정의롭고 의로운 일에는 한번도 포기한 일이 없다.

나폴레옹이 나의 사전에 불가능이란 없다고 생각한다

면 이명박의 사전에도 불가능은 없다.

하늘이 준 건강, 생명, 희망에 늘 감사하며 정의로운 일에는 끝까지 도전에 도전을 멈추지 않는 자이다. 청계천 신화는 바로 거기에서 나온 것이다. 아무나 하는 것이 아니다.

삼보일배(三步一拜)한다고 해서 2년이나 새만금의 대역사를 중단시킨 김대중 前 대통령.

스님 한사람의 단식 농성으로 인해 국책사업(國策事業)을 중단시킨 노무현 대통령.

달변(達辯)과 포퓰리즘으로 국민을 선동해 얻은 것을 국민의 가난과 절망과 좌파적 사상만 뿌리내리게 한 김 前대통령의 허언(虛言)과 눈물은 지금도 계속되고 있다.

고령의 나이에 나라의 어른으로서 품위를 지킬만한데도 불구하고 지난주 목포에 가서 수천군중 앞에서 김대중 前대통령은 나는 정치는 안한다고 전제조건(前提條件)을 제시한 뒤 연설을 했다. 광주도 방문했고, 부산에도 초청이라는 이유(국제교통물류박람회)로 기조연설을 했다. 지난 달 북한 핵 실험이후 전남대 초청강연을 시작으로 여섯

차례 강연과 세차례 언론인터뷰를 했고 다음 주에도 충남 공주대에서 특강이 예정되어있다.

감수성이민감한 10-20대 청년학생들에게 자주, 민족 공조, 햇볕정책을 전도(傳道)하며, 궁극적으로 제3기 좌파정권을 이어가려는 심산이다.

문제는 DJ(김 前대통령)의 허언이 만천하에 드러났다. 지금의 행위가 정치활동이 아니면 어떤 것이 정치활동인지 묻고 싶다.

박근혜, 이명박, 손학규, 고건, 김근태 등의 대학초청 강연과 인터뷰 등은 어떻게 볼 것인가? 그들도 정치를 안한다고 주장하면 그것이 정치활동이 아니라는 전제에 동의하는가?

DJ(김대중 前대통령)여! YS(김영삼 前대통령)가 14대 대통령 당선이 확실시 된 1992년 12월 19일 새벽 DJ는 새벽에 모든 방송 언론매체를 통해 나는 이제 정치를 완전히 않겠다고 눈물까지 흘리며 고별사를 했던 것을 전국민은 생생히 기억한다.

그리고 영국으로 떠났다. 또다시 정치를 했고 기어이